# 초등학생이 알아야 할
## 참 쉬운 역사

앤디 프렌티스, 톰 뭄브레이 글

폴 보스턴 그림

제이미 볼, 새뮤얼 고럼 디자인

밴다 윌콕스,
삼라그니 본네르지 박사 감수

고정아 옮김

# 차례

역사란 무엇인가요?     4

## 제1장 과거를 보는 방법     14
역사는 어떤 것을 다루는지,
그리고 역사가 다루지 않는 것은 무엇인지 알아보아요.

## 제2장 역사가가 되는 법     37
역사가들은 어떤 방법으로 역사를 조사하고 연구하는지,
어떤 도구를 사용하고 어떤 자료를 선택하는지 살펴보아요.

## 제3장 다양한 접근법     57
역사를 탐구하는 다양한 방법과 이야기를 알아보고 서로 무엇이 다른지,
역사가들이 각자 다른 접근법을 선택하는 이유가 무엇인지 알아보아요.

## 제4장 사람의 역사     69
영웅과 악당뿐 아니라 평범한 사람들과 대규모의 집단에 이르기까지
역사가들이 주의 깊게 살펴보는 사람들과 연구에 포함하지 않는
사람들을 알아보아요.

## 제5장 장소의 역사
마을, 도시, 나라, 세계 등 각기 다른 지역에서 일어난 일을     83
역사가들이 어떻게 이해하는지 알아보아요.

**제6장 이유의 역사**     95
어떤 일이 일어난 이유를 알기 위해 그 당시 사람들이 어떻게 생각하고
느꼈는지 탐구하는 방법을 알아보아요.

**제7장 일상의 역사**     107
이 책에서 배운 도구를 가지고 우리가 사는 세계를 이해해 보아요.

역사 연구의 의미     118

낱말 풀이     120
찾아보기     125
이 책을 만든 사람들     128

## 인터넷에서 자료 찾기

**어스본 바로가기**(usborne.com/quicklinks)에 방문해서 검색창에
'History for beginners'를 입력해 보세요. 고대 도서관을 탐방하거나 역사에 관련된
귀중한 자료와 영상을 볼 수 있고, 여러 활동과 가상현실을 통한
다양한 주제 탐험을 즐길 수 있어요.

'어스본 바로가기'에서는 인터넷 안전 지침을 지켜 주세요.
어린이가 인터넷을 사용할 때는 보호자의 지도가 필요합니다.

역사는 지금까지 사람들이 한 **모든 일**을 다루어요. 범위가 아주 **넓지요**.
그리고 더 나아가 '과거를 연구해서 그 **의미**를 설명하는 것'까지를 역사라고 한답니다.

역사가는 과거에 일어난 일을 설명해 주어요.
옛날이야기를 들려주는 것과 비슷하지만 똑같지는 않답니다.

역사와 동화의 중요한 차이는
역사가의 이야기에는 **증거**가 있어야 한다는 거예요.

역사가들이 많은 증거를 찾아내도 문제는 항상 있어요. 증거가 너무 복잡하거나, 믿을 수 없을 때도 있기 때문이에요. 때로는 증거에서 얻을 수 있는 정보가 부족해서 상상이나 추측으로 틈을 메우기도 해요. 또는 증거가 너무 많아서 그중 무엇을 뺄지 골라내야 하기도 해요.

# 역사가 아닌 것은 무엇일까요?

역사학은 수학이나 과학처럼 실험을 할 수 있는 학문이 아니에요.
그렇다고 해서 과거의 모든 것이 불확실하다는 뜻은 아니에요.
확실히 알 수 없는 것이 많다는 뜻이지요.

과학자는 실험을 반복하고 또 반복하다 보면 스스로 증거를 찾을 수 있어요.

역사가는 과거에 일어난 일을 알기 위해 실험을 반복할 수 없어요. 그래서 찾아낸 증거에 의존해야 하지요.

유레카!

아르키메데스의 생각이 옳다는 건 확실히 알 수 있어. 하지만 목욕 이야기가 사실인지는 증명할 수 없지.

고대 그리스의 과학자 아르키메데스는 목욕하다가 서로 다른 두 물체에 든 금의 양을 측정하는 방법을 알아냈어요. 오늘날에도 이 실험을 하면 똑같은 결과가 나오지요.

증거가 풍부한 경우에는 과거에 어떤 일이 있었는지 확실히 알 수 있어요.

증거가 거의 없고 해석의 여지가 많은 경우에는 역사가에 따라 이야기가 달라져요.

유적과 고대 문자가 새겨진 비석들을 살펴보면 고대 그리스의 도시 국가 문명은 분명히 2,700년 전부터 시작됐어.

맞아, 반박할 수 없는 사실이지!

도시 국가들은 거대한 신전을 건설하려고 시작된 거야.

내 생각은 달라. 도시 국가들은 자신들의 땅을 지키려고 시작된 거야.

해석의 다양성 때문에 역사가들은 같은 사건을 *아주 다르게* 볼 수 있어요.
같은 주제를 연구하는 역사가들도 아래와 같은 질문에 전혀 다른 답을 할 수 있지요.

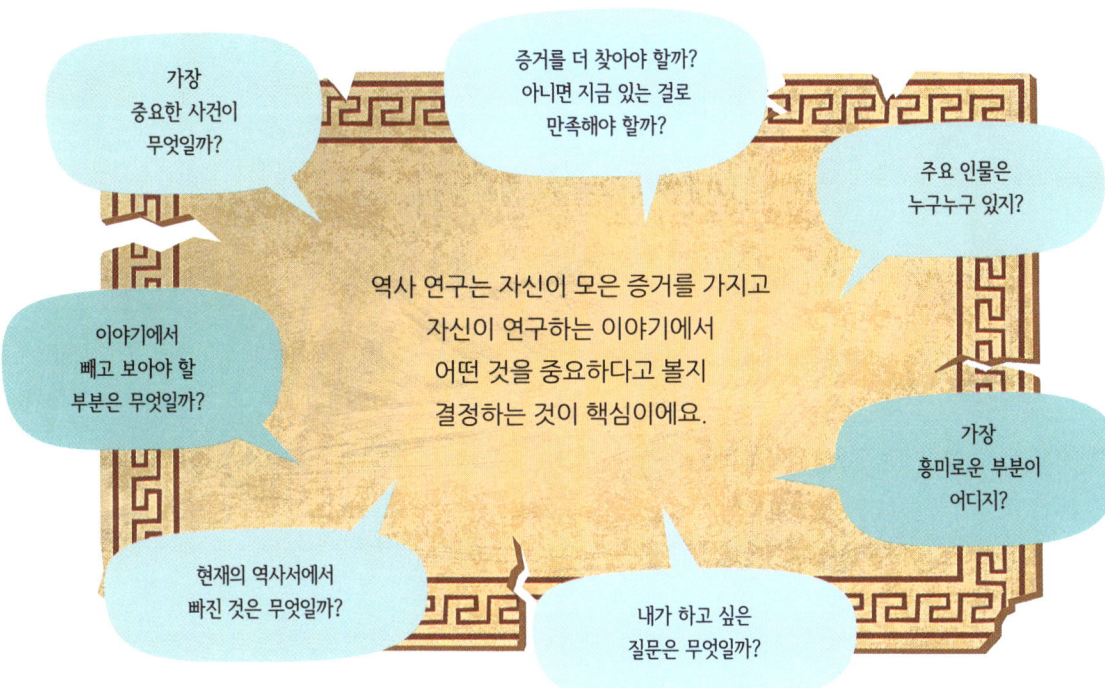

역사가들은 항상 토론하면서
자신의 이야기가 과거를 가장 잘
설명하고 있다고 설득해요.

역사가들의 생각이 서로 다르다는 게
이상해 보일지 몰라도
사실은 아주 **좋은 일**이에요.
다양한 관점과 생각은 우리의 과거와
우리 자신을 더 깊이 이해할 수 있게
하기 때문이에요.

# 세상 모든 것과 모든 사람에게 역사가 있어요

역사가 재미있는 이유 중 한 가지는 세상 **모든 것**에 역사가 있다는 거예요.
적절한 질문만 한다면, 어떤 분야든 연구할 수 있지요.

돈

과학

스포츠

정치
고대 마야 정부와 현대 미국 정부를 비교해 보면 어떨까?

기술
증기 기관의 발명은 세상을 어떻게 바꾸었을까?

성평등

노동

교육
아스테카 왕국에서 교육을 중요시했던 이유는 뭘까?

예술

음식
빵은 프랑스 혁명에서 어떤 역할을 했을까?

사상*

영화

*어떤 것에 대해 가지고 있는 구체적인 생각.

범죄와 처벌

아동

건축

종교

사랑

무역

의학

과거에는
팬데믹*에 어떻게
대처했을까?

*감염병이 전 세계적으로
크게 유행하는 것.

정부

전쟁

사회 집단

환경

식민지 해방

양을 기르는 목축업은
미개발지에 관한 생각을
어떻게 바꾸었나?

몇몇 스포츠는 왜
특정 국가들에서만 인기 있을까?

게임

통신

가정생활

패션

고대 이집트 사람들은
가족과 얼마나 많은 시간을
보냈을까?

# 역사는 어떻게 기록되나요?

이 책에서처럼 사실, 토론, 이야기에 집중해서 역사를 연구하는 것은 현대에 발전한 방법이에요. 하지만 이전에도 사람들은 여러 가지 방법으로 과거를 기억하려고 했어요. 우리 조상들이 모닥불가에 둘러앉아 옛날이야기를 나눈 것이 최초의 역사 연구였지요.

4,700년 전, **오스트레일리아 헨버리**에 큰 운석이 떨어져서 **구덩이**가 여러 개 생겼어요. 여기서 전설이 시작됐고…

콰광

…200세대가 지난 오늘날에도 헨버리의 원주민들은 하늘에서 불의 악마가 땅으로 내려와서 모두를 죽였다고 이야기하고 있어요.

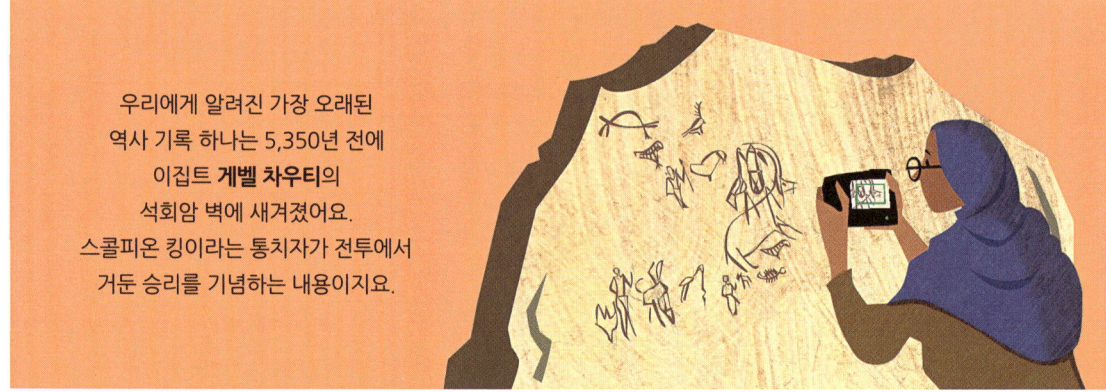

우리에게 알려진 가장 오래된 역사 기록 하나는 5,350년 전에 이집트 **게벨 차우티**의 석회암 벽에 새겨졌어요. 스콜피온 킹이라는 통치자가 전투에서 거둔 승리를 기념하는 내용이지요.

창을 높이 들어라. 그리고 내 말을 똑똑히 들어라!

『서경』은 약 3,000년 전에 중국에서 쓴 책이에요. 여러 작가가 쓴 글을 모은 책으로, 전설로 전해지는 통치자들의 이야기와 그들이 했던 말을 담고 있지요.

**트라야누스의 기둥**에는 아주 긴 그림이 높은 기둥을 빙글빙글 감아 오르며 새겨져 있어요. 로마 황제 트라야누스가 다키아(오늘날의 루마니아)를 정복한 이야기를 담고 있지요. 이 기둥은 약 2,000년 전에 완성되었답니다.

**바이외 태피스트리**는 길이가 약 70미터에 이르는 긴 천으로, 역사가 자수로 새겨져 있어요. 노르망디 공작 윌리엄이 1066년에 영국 왕이 된 과정이 담겨 있지요.

나는 유명 인사였어!

18세기에는 누구나 읽을 수 있는 여러 역사책이 나왔어요. 캐서린 매콜리는 영국 최초의 여성 역사가로, 1763년에서 1783년 사이에 베스트셀러 『**잉글랜드의 역사**』를 썼어요.

오늘날에 역사는 다양한 형태로 존재해요. 영화, 티브이 프로그램, 컴퓨터 게임은 과거를 전달하는 강력한 방법이지만, 항상 정확하지는 않아요.

때로는 정확함보다 '재미'가 더 중요하거든!

# 역사를 연구하는 이유는 무엇인가요?

과거를 기억하지 않는 사람들은 과거를 반복하기 마련이다.

**조지 산타야나**
미국에서 활동했던 철학자
(1863–1952)

정말 확실해요?

과거가 지금 내 상황하고 무슨 상관인 거지?

산타야나의 말은 우리가 과거의 일에서 교훈을 얻어
앞으로의 행동 지침으로 삼아야 한다는 뜻이에요. 그런데 실제로 해내기는
꽤 까다로운 일이지요. 완전히 똑같은 상황은 없고,
애초에 우리가 올바른 교훈을 얻었는지 알기 어렵기 때문이에요.
그러면 우리는 왜 굳이 역사를 연구하는 걸까요?

나는 옛날 사람들의 생각을 알아보는 게 좋아.

나는 수수께끼를 찾고 자료 속에 묻혀 있는 비밀을 파헤치는 게 좋아.

## 역사는 재미있기 때문이에요

우리가 어떤 일을 하는 데 있어 가장 좋은 이유는 '재미'예요.
아마도 이 책이 여러분에게 역사의 재미를 알려 줄 수 있을 거예요.
역사는 *모든 것*을 다루기 때문에 연구 주제에 제한이 없어요.

나는 토론이 좋아.

나는 위대한 사상과 그 뿌리를 알아보는 게 좋아.

나는 역사의 세밀한 부분이 좋아. 자세히 볼수록 더 잘 이해할 수 있어.

왜 어떤 나라에는 '왕'이 있고 어떤 나라에는 '대통령'이 있을까?

오스트레일리아 사람들은 왜 영어를 써?

## 오늘날의 세계를 이해하는 데 도움이 돼요

역사는 우리가 누구이고, 어디에서 왔는지,
세상이 어떤 과정을 거쳐서 지금의 모습이 되었는지 알게 해요.
과거에 대해 질문하면 우리의 어떤 점이 같고 다른지,
그리고 왜 그런지 알고 오늘날의 상황을 이해할 수 있어요.

국제 연합(UN)은 왜 있는 거야?

왜 우리 나라는 동성 결혼이 금지되어 있어?

이 동상은 철거해야 돼.

과거의 사건들은 너무 끔찍해. 그런 일은 절대로 다시 일어나면 안 돼!

세상은 늘 이랬기 때문에 아무것도 달라지지 않을 거야.

## 역사는 정말로 중요해요

역사는 토론이에요. 사람들은 역사를 통해
자기주장도 펼치고, 크고 작은 변화를 불러와요.
우리가 사람들과 생각이 같을 수도 있고 다를 수도 있지만,
토론할 수단과 정보가 없다면 우리 목소리를 전달할 수 없어요.

이 모습은 우리의 본모습이 아니야.

과거에 사람들이 이 문제를 해결했던 다양한 방법을 살펴보자. 그리고 그중 하나를 시도해 보는 게 어때?

# 제1장
# 과거를 보는 방법

"과거는 여러 겹이다."
몇몇 역사가들이 쓰는 말이에요.
간단히 설명하자면, 역사 자체도 다양하지만
역사를 바라보는 방법도 여러 가지라는 뜻이지요.

역사를 연구할 때는 이런 불확실성을 헤쳐 나가야 해요.
확실한 것은 단 하나, 역사를 바라보는 방법이
개인의 관점에 따라 달라진다는 것뿐이에요.

# 사람은 누구나 살아 있는 역사예요

우리는 크고 작은 여러 과거의 산물이에요. 넓게 보면 세계, 그리고 우리나라와 우리 집에 이르기까지 아주 오랜 세월 동안 대륙과 민족에 영향을 미쳐 온 크고 느린 힘의 영향을 받았지요. 아래의 *거대한 과거의 흐름*은 오늘날의 우리가 되는 데 중요한 역할을 했어요.

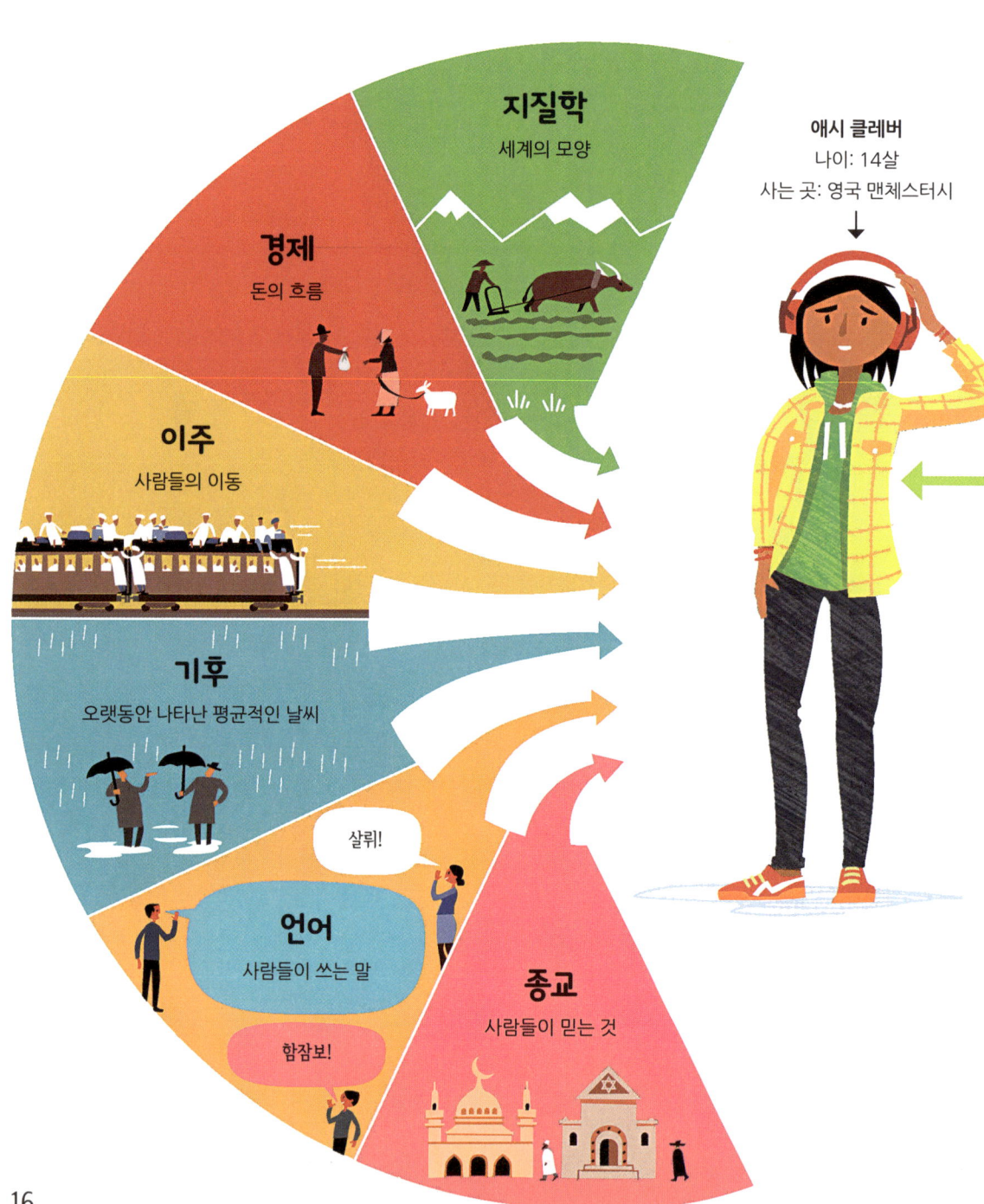

작은 과거의 일들도 한 사람의 정체성을 만드는 데 힘을 보탰어요.
사회의 관습, 전통, 집안 내력은 우리가 만든 것이 아니에요. 조상들이 만들어서
우리에게 물려준 것이지요. 이제 애시 가족의 이야기를 살펴볼까요?

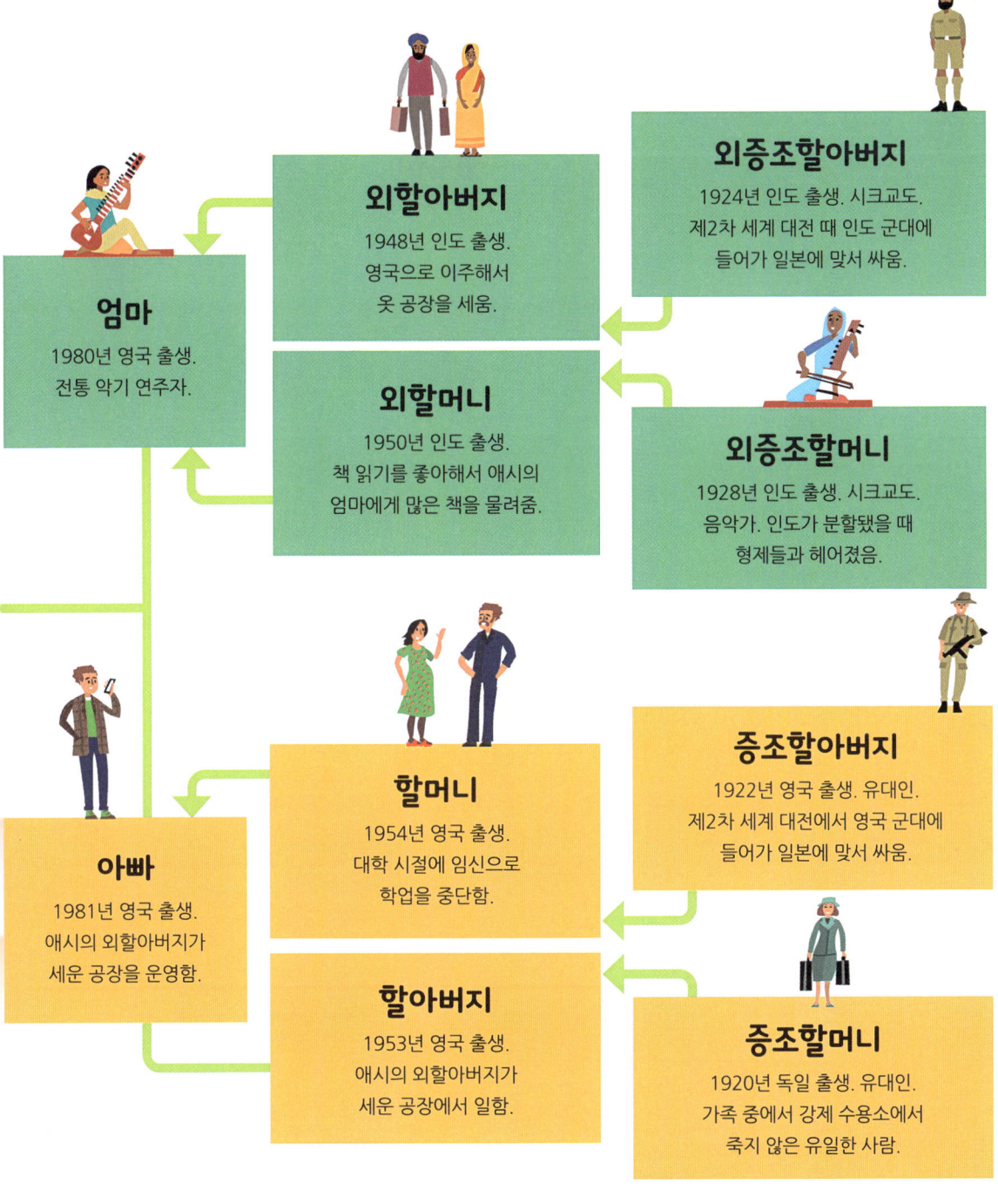

애시가 자신의 과거를 바라보는 방법은 애시만의 독특한 방식일 거예요.
이 세상에 사는 모든 사람이 마찬가지예요. 모두 자신만의 생각하는 방식이 있지요.

# 과거를 이해하기

과거를 이해하는 건 쉽지 않아요. 옛날에는 이상하고 잔혹한 일이 많았는데, 그때는 그런 일이 평범하게 여겨졌을 수도 있어요. "과거는 낯선 나라다. 과거의 사람들은 우리와 다르게 행동한다."라고 했던 작가 L.P. 하틀리의 말처럼요.

여기에 세계의 스포츠에 관한 몇 가지 예가 있어요.

고대 로마에서는 사람들이 돈을 내고 잔혹한 결투를 관람했어요. 검투사들이 무기를 들고 싸우다가 죽는 일이 흔했지요.

다음 도전자는 누구냐?

1200년대에 몽골 공주 쿠툴룬은 자기와 씨름 경기를 해서 이기지 못하는 남자하고는 결혼하지 않겠다고 했어요. 공주는 씨름 경기에서 이겨 말을 1만 마리나 땄고, 끝까지 지지 않았다고 해요.

약 천 년 전 마야에서는 지는 팀 선수를 제물로 바치는 구기 경기가 있었다고 해요.

다 네 잘못이야. 네가 마지막 슛을 놓쳐서 우리 팀이 졌잖아.

쾅!

중세 유럽에서는 마상 창 시합이 열렸어요. 말 탄 기사들이 창을 들고 빠르게 달려 서로를 공격했지요.

사람들은 진짜 이상한 일을 많이 했어.

오늘날 우리에게는 이런 경기들이 아주 이상해 보여요. 사람을 죽이는 경기나 결혼 상대를 결정하는 씨름 시합이 우리가 사는 이 세상에서 다시 열릴 거라고는 상상하기 힘들어요.

낯설고 기이한 과거의 일을 이해하려면 어떻게 해야 할까요?
모든 사건에는 사람이 관련되어 있고, 그 사람들도 오늘날의 우리처럼
자신의 현재를 살았다는 것을 잊지 않아야 해요.

# 과거를 단순화하기

과거는 거대하고 복잡해요. 그래서 역사가들은 다루기 쉽도록 과거를 보다 작은 덩어리로 나누어요. 이렇게 하면 역사를 이야기하기가 쉬워지지만, 한편으로는 다른 문제도 생겨요.

내가 1980년대에 영국에서 학교에 다닐 때는 인류 역사가 다섯 개의 큰 덩어리로 나뉜다고 배웠어.

하지만 이러한 시대 구분은 자연스럽게 생긴 게 아니라 사람들이 만들어 낸 것이야. 자기가 원하는 온갖 방식으로 역사를 나눌 수 있어.

**선사 시대**
역사가 기록되기 전

**고대**
5천 년 전에 시작해서 로마 제국의 멸망과 함께 끝남.

**중세 시대**
약 500년부터 1500년 사이. 인쇄술의 발명과 종교 개혁 등의 많은 사건이 생기면서 끝남.

**근현대**
약 1500년부터 1945년 사이. 제2차 세계 대전으로 끝남.

**현대**
1945년 이후

시대 구분이란 건 없어. 나는 중세 시대의 농부지만, 나의 현재를 살고 있는 거라고.

내가 '중세 시대'에 사는 줄은 몰랐네!

역사가들은 이렇게 분류한 덩어리를 더 작은 단위로 나누기도 해요.

'왕조'로 시대를 구분할 때도 있고…

**당 제국 시대**
중국은 618년에서 907년까지 당 왕조가 다스렸어요. 이 시대의 중국을 '당 제국'이라고 해요.

…'역사적 사건'으로 구분할 때도 있고,

**양차 대전 사이**
1919년에서 1939년까지 제1차 세계 대전과 제2차 세계 대전의 중간 시기를 가리켜요.

'문화 운동'으로 구분할 때도 있지.

**르네상스**
유럽에서 1400~1550년까지의 시기를 가리켜요. 많은 예술가와 과학자가 고대 기술을 재발견하고 새로운 기술을 발명했어요.

# 단순화시키는 것이 왜 문제인가요?

유럽식 역사 구분법에는 몇 가지 생각이 깔려 있어요.
그중 가장 큰 문제가 되는 것은 유럽이 세계 역사의 주인공이라고 생각한다는 거예요.
이런 관점은 역사 연구에 큰 영향을 미칠 수 있어요.

15,000여 년 전, 로마 제국이 멸망했어요.
이것은 유럽 역사에서 아주 중대한 사건이에요.

오랫동안 역사가들은 로마 멸망 이후를 **암흑시대**라고 했어요. 그 후로 유럽 문명이 뒷걸음질 치는 것처럼 보였기 때문이지요.

하지만 이것은 유럽이 이른바 '암흑시대'를 겪는 동안
유럽 바깥에서 벌어진 수많은 일을 무시하는 거예요.

중국에서는 **당 제국**이 번성했어요.
당시에 당 제국은 세계에서 가장 큰 나라였어요.
시문학과 의학이 꽃피고,
화약과 인쇄술이 발명되었지요.

북아프리카와 중동의 **이슬람 문명**은
황금기를 누렸어요. 많은 과학적 진보가 이루어지고,
수학과 문학이 발달했어요.
또 광대한 이슬람 제국이 건설되었지요.

오늘날에는 '암흑시대'라는 말을 더 이상 쓰지 않아요.
역사가들은 역사의 단순화를 피할 수는 없지만,
단순화에 따르는 문제에 예전보다 더 주의를 기울이고 있답니다.

# 다양한 관점

모든 사람은 세계에 대한 자신만의 관점을 갖고 있어요. 그래서 역사가들은 자신의 관점이 다른 사람의 관점과 어떻게 다를 수 있는지에 관해 신중하게 생각해야 해요. 아래에서 역사 이야기를 하는 방식을 살펴보세요. 무엇이 빠졌을까요?

이 예시는 '그들'과 '우리'에 대해 분명한 편견이 있다는 걸 보여 줘요. 해결책도 분명해요. 이야기에 모든 사람의 관점을 담는 것이지요. 물론 말처럼 쉽지는 않아요. 아래에서 '1870년대 미국 대평원'의 실제 사례를 살펴보아요.

옛 역사책 중에는 미국의 서부 팽창과 관련해서 다코타족과 라코타족의 입장은 빼고, 두 부족의 땅을 빼앗고 식민지를 건설한 미국인들의 시각만 담은 것들이 있어요. 아주 중요한 부분이 빠졌지요. 반대편 이야기를 들으면 역사의 내용은 완전히 달라질 거예요.

# 누락 찾아보기

사람들은 저마다 자신의 관점이 있어서 역사를 이야기할 때 빠뜨리는 부분이 있을 수 있어요. 이것을 '누락'이라고 해요. 다행히 우리는 여러 질문을 통해서 무엇이 누락됐는지 확인해 볼 수 있어요.

- 이야기는 어디서 시작하나?
- 이 이야기를 이런 방식으로 하는 이유는 무엇인가?
- 이야기는 어디서 끝나나?
- 이야기에서 무엇을, 그리고 누구를 뺐나?
- 왜 이 사람들과 이 사상을 선택했는가?
- 이 문화를 얼마나 잘 아는가?
- 모든 증거를 확인했나?
- 다른 역사가들은 이 이야기를 어떻게 보았나? 다른 방식으로도 말할 수 있나?

좋은 질문들이네요! 이걸 실제 역사에 적용해 볼 수 있을까요?

그럼! 박물관에 가서 누락된 부분을 찾아보자.

한 이야기에 모든 것을 담을 수는 없어요. 그래서 무엇이 누락됐는지 생각해 보는 게 중요해요. 그럼 이야기하는 사람이 무엇을 중요하게 보고, 무엇을 중요하지 않게 보는지 알 수 있어요.

# 역사의 안개

스페인은 16세기에 오늘날의 멕시코와 중앙아메리카 지역인 마야 제국을 정복했어요.
스페인 사람들은 마야의 여러 사원에 있는 책을 모두 불태웠어요.
나무껍질 종이로 만든 그 책들에는 마야인이 기록한 모든 역사와 지식이 담겨 있었지요.

1562년, 책을 태우는 일에 앞장섰던 스페인의 가톨릭 고위 사제 디에고 데 란다는 이렇게 썼어요.

> 그 책들은 미신과 악마의 거짓말로 가득했다. 우리가 그 책을 모조리 태우자 마야인들은 놀랄 만큼 크게 좌절하며 고통스러워했다.

800년의 시간을 담은 수천 권의 역사와 과학, 별을 보고 운을 예측하는 점성술, 종교 의식과 전통에 관한 책이 모두 까만 재가 되어 버렸어요.
오늘날 남은 책은 고작 네 권뿐이라서 역사가들이 마야의 역사와 문화를 들여다보기가 매우 어려워요.

콜록콜록!

'역사의 안개'라는 말은 역사적으로 매우 *중요한* 자료가 사라졌다는 뜻을 담고 있어.

잃어버린 마야의 역사처럼 어떤 자료는 다시는 되찾을 수 없어. 게다가 역사 대부분은 기록조차 되지 않았지.

역사의 안개 때문에 역사가들은 때로는 아주 적은 정보만으로 연구해야 하고, 그래서 사실을 파악하기 어렵기도 해.

하지만 사실을 파악하기 어려운 이유가 기록이 사라져서만은 아니에요.
역사 연구가 낚시와 비슷하기 때문이에요. 영국의 역사가 에드워드 H. 카는
『역사란 무엇인가』라는 책에서 이 문제에 대해 다음과 같이 설명했어요.

에드워드 H. 카의 말은 역사가는 사실을 어디서 어떻게 찾을지 선택해야 한다는 뜻이에요. 이 선택은 역사가들이 어떤 종류의 사실을 찾을지에 영향을 미친답니다.

# 사실을 통해 연구하기

'사실'은 역사를 구성하는 기본 재료예요.
그런데 역사가들은 어떻게 사실을 찾아내고 그게 진실이라는 걸 알아낼까요?

어떤 사실은 아주 단순하고 명백해서 진실인 것이 *당연해요*.
적어도 누군가 그것이 틀렸다는 걸 밝혀낼 때까지는요.
사실은 사건이나 사람에 관한 내용만이 아니라
세상의 원리도 포함해요.

로마인들이 콜로세움을 세웠다.

브라질이 1970년 월드컵에서 우승했다.

물은 아래로 흐른다.

인간은 다른 종에서 진화했다.

역사가들은 연구를 시작할 때 *더 많은* 사실을 알아내려고 해요.
뒷받침하는 증거가 있어야만 무언가를 진실이라고 주장할 수 있거든요.
어떤 사실은 증명하기 쉽지만, 어려운 것도 있고 아예 불가능한 것도 있어요.
옆에서 증명하기 쉬운 사실의 예를 살펴보세요.

기록을 봐. 노벨상 수상자 중 여자는 6퍼센트밖에 안 돼.

수상자의 91퍼센트가 남자고 나머지는 단체야.

인구의 반이 여자니까 노벨상이 남녀에게 불평등하게 수여된 건 사실이야.

그러네요. 너무 *불공정*해요.

*공평하고 올바르지 않음.

숫자를 보고 무언가 *불평등*하다고 주장할 수는 있어. 하지만 *불공정*하다고 주장하기는 간단하지 않아. 증거가 부족하거든.

*한 쪽으로 치우친 차별이 있음.

노벨상을 불공정하게 수여했다는 걸 증명하려면, 수상자 선정 과정을 훨씬 자세히 알아봐야 해.

여자들의 사회적 지위도 알아보고…

…성별에 따라 얻게 되는 기회의 차이도 알아보고, 찾아볼 게 아주 많아!

한 가지 사실만 가지고는 할 수 있는 게 별로 없어요. 그래서 역사가들은 항상 더 깊이 파고들어서 더 정확한 답을 찾아내려고 해요. 아래에서 '구스타브 장군이 소시지 고개에서 승리했다.'라는 가상의 역사를 통해 그 과정을 살펴보세요.

몇 가지 사실이 있어요.

소시지 고개에서 큰 전투가 있었다.

당시 역사 기록에 따르면, 구스타브라는 위대한 장군이 승리를 거두었다.

역사학자는 이것을 보고 의문을 품어요. 구스타브가 정말로 위대했을까? 더 깊이 파고들자 흥미로운 사실 몇 가지를 발견해요.

당시의 인기 민요에 '구스타브는 게으르고 멍청한 허풍쟁이'라는 가사가 있다.

구스타브의 아내는 일기에 남편이 소시지 고개 전투에서 졌고, 그 뒤로 2주일 동안 자리에 누워 있었다고 썼다.

가정 교사가 구스타브의 아버지에게 쓴 편지에는 자신이 가르쳤던 학생 중에서 구스타브가 가장 멍청하다는 내용이 있다.

구스타브가 뛰어난 장군이라는 기록은 한 역사서에만 나오는데, 그 역사서는 여러 해가 지난 뒤 구스타브의 아들이 쓴 것이다.

역사가는 이 모두를 종합해서 구스타브가 그렇게 '위대한 장군'은 아니었을 거라는 결론을 내려요.

어이!

결국 우리가 할 수 있는 일은 계속 더 많은 진실을 찾는 거야.

# 세상에는 역사책이 왜 그렇게 많은가요?

역사가들은 늘 새로운 사실을 발굴하고 자신이 발견한 것을 널리 알리고 싶어 해요. 그래서 계속 새로운 역사책을 써요. 그중에는 이미 다른 사람들이 깊이 탐구했던 주제에 대한 것도 있지요. 왜 역사가들은 같은 주제를 반복해서 이야기하는 걸까요?

이미 많은 이야기가 나왔더라도, 한 주제에 대한 *새로운 시각*을 찾는 건 아주 중요해요.
새로운 목소리를 듣는 것이지요. 역사가가 새로운 사실을 발견하지 못하더라도,
오래된 사실을 새롭게 바라보면 모든 게 바뀔 수 있어요.

# 고통스러운 과거

사람은 누구나 자기 역사의 충격적이고 고통스러운 대목은 외면하고 싶어 해요.
부끄러움과 참담함을 안겨 주기 때문이지요.

다음은 외면하고 싶지만 실제로 벌어졌던
인류의 잔혹한 역사예요.

13세기에 몽골 제국의 지도자 칭기즈 칸은
아시아의 광대한 지역을 정복했는데,
그 과정에서 수천만 명이 목숨을 잃었어요.
세계 인구의 10퍼센트 정도가 죽었다고 추정되지요.

15세기에서 18세기까지 유럽에서는
수만 명의 사람을 마녀로 몰아 처형했어요.
주로 여자들이었지요.

16세기부터 약 1,200만 명의 아프리카인이
아메리카로 잡혀가 노예가 되었어요.
농장이나 광산에서 임금도 받지 못하고 일했지요.

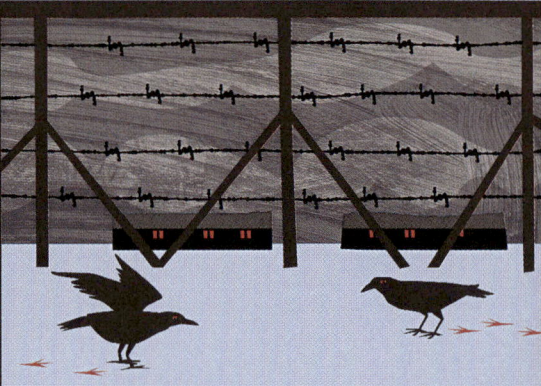

제2차 세계 대전 때, 나치는 600만 명이 넘는 유대인과
다른 수백만 명을 조직적으로 학살하는
'홀로코스트'를 저질렀어요.

역사가는 인류가 저질렀던 끔찍한 사건까지도 이해하려고 노력하는 것이 중요해요.
부끄러운 역사도 모조리 밝은 빛 아래로 끄집어내야 하지요.

이 어두운 방들을
꼭 다 들여다봐야 해요?
별로 알고 싶지 않으면 어떡해요?

들여다봐야 해.
역사가는 과거에 살았던 사람들의
생각과 감정에 공감하려고 노력해야 해.
자세히 들여다보지 않으면
할 수 없는 일이지.

하지만 고통받은 사람들한테만 공감할 수
있어요. 노예 무역이나 홀로코스트 같은
끔찍한 일을 저지른 사람들에게
어떻게 공감해요?

맞아. 희생자에게 공감하는 게 훨씬 쉽지.
참혹한 일을 저지른 사람들의 생각과
감정을 이해하기는 정말 어려워.
그래도 시도해야 해.

하지만 악랄한 사람들을 이해하려고 하면
그 사람들의 잘못된 행동까지
용서하게 될 것 같아 염려돼요.

그런 걱정할 수 있어. 하지만 우리가 공감한다고 해서
잘못된 행동을 정당하게 여기는 건 아니야.
공감은 세상에 왜 그런 끔찍한 일들이 일어나는지 이해하게 해.
그리고 어쩌면 그런 일이 다시 일어나지 않도록 막는 데
도움이 될 수도 있어.

정말 다시는 일어나면 안 되는 일이에요!
그래도 우리 조상들이 그렇게 끔찍한 일을
저질렀다고 생각하면 기분이 좋지 않아요.

사실 사회 대부분이 비슷해.
완전히 선한 사회나 완전히 악한 사회는 없으니까.
물론 그게 딱히 위로가 되지는 않지만!

# 과거를 비판해야 하나요?

옛날 사람들의 믿음, 가치 기준, 행동은 지금 우리에게는 이해하기 힘든 것이 많아요. 최악의 경우에는 옛날 사람들이 적극적으로 악행을 저지른 것 같기도 해요. 그래서 조상들을 쉽게 평가하곤 해요. 하지만 과거를 꼭 비판해야만 하는 걸까요?

어떤 역사가들은 과거를 오늘날의 기준으로 평가하면 안 된다고 주장해요. 당시 사람들은 사고방식이 달랐기 때문이에요. 그래서 현대적 사고방식을 적용하면 과거의 일을 제대로 이해하는 데 방해가 된다는 거예요.
그게 맞을지도 모르지만, 때로 조상들의 잘못을 비판하지 않기가 어려워요.

대서양 노예 무역을 생각해 보세요. 1,000만 명이 넘는 아프리카인이 노예로 잡혀갔어요. 오늘날 우리는 대부분 이를 소름 끼치는 역사라고 비난해요. 당시 노예를 사고팔던 사람들의 말이나 행동을 보면 화를 참기가 힘들지요.

'노예제'가 악이라고들 하는데 그것은 악이 아닙니다. 오히려 축복 중에도 최고의 축복입니다….

서인도 제도는 유럽인이 경작할 수 없습니다. 따라서 그곳을 농토로 만들려면 당연히 다른 인종에게 맡겨야 합니다….

제임스 헨리 해먼드, 미국의 정치인, 1836년

윌리엄 펄트니 경, 영국의 정치인, 1805년

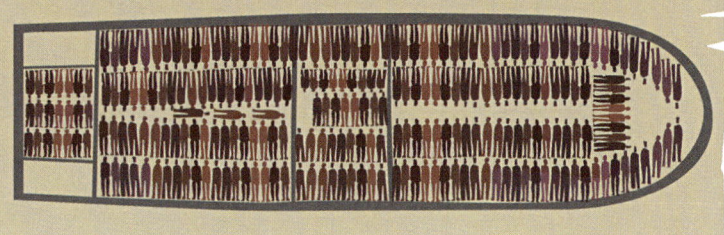

이것은 1788년의 노예선을 도표로 표현한 그림이에요. 노예로 잡힌 사람들을 비좁은 화물칸에 빽빽하게 태우고 이동하던 모습을 나타내요.

중요한 건 과거의 가치 기준과 사고방식을 비판적으로 바라보면서 오늘날 우리에게 중요한 것이 무엇인지를 이해하는 거예요.

우리는 역사 속의 *선행*을 통해서도 배울 수 있어요. 과거의 모든 사람이 똑같이 생각했다거나 오늘날의 우리와는 완전히 다르게 생각했다고 판단하는 건 잘못된 거예요.

나는 노예제가 싫어요! 나는 그 시절의 사람들이랑 전혀 다르다고요!

나도 노예제를 싫어했어. 노예의 삶이 어떤지 알았으니까.

해리엇 터브먼, 19세기 미국인, 노예제 반대 운동가

나도 그래! 나는 노예제가 위험하고 불명예스러운 것이라고 비판했어.

흥미롭네요. 당시의 사람들도 노예 무역을 비판했다면, 지금 우리가 옛 사람들을 싸잡아서 비난하는 건 잘못된 것 같아요.

올라우다 에퀴아노, 18세기 아프리카계 영국인, 노예제 반대 운동가

과거를 비판할 수는 있지만, 우리는 모든 사람의 관점을 이해하려고 노력해야 해요. 심지어 우리가 동의하지 않는 관점까지도요.
그래서 역사가들은 항상 서로의 주장을 비판해 보아야 한다는 데 동의해요.

과거는 바꿀 수 없지만, '역사'라는 대화는 끝없이 변화하면서 이어져.

과거에 대한 누군가의 주장에 동의하지 않는다면 거기에 대해 반박해 봐!

역사적 논쟁은 항상 비판에 열려 있어.

# 제2장
# 역사가가 되는 법

역사가가 되려면 과거의 일을 탐구해서
그것에 대한 자신의 견해를 만들어야 해요.
물론 이 과정에는 다양한 일이 포함되지요.

역사가는 탐정처럼 산더미 같은 증거를 파헤쳐야 해요.
그리고 다른 역사가들의 주장에서 무엇을 중요하게 생각하는지도
살펴봐야 해요. 그래야 자신의 주장을 분명히 하고,
어떻게 펼쳐야 할지 알아낼 수 있어요.

역사 연구의 가장 좋은 점이 무엇일까요?
과거의 일이라면 내 흥미를 끄는 어떤 것이든
연구 주제로 선택할 수 있다는 거예요.

# 시작하기

흥미로운 주제를 선택하면 그에 대한 정보를 모아야 해요.
**조사**라고 하는 이 과정에서는 수많은 책, 기록, 문서 등의 미로를 탐구해요.

안녕! 나 기억해?
앞에서 만났던 애시야.
나는 '인도의 분할' 사건을
조사하고 있어.

기본 사실은 나도 알아.
거대한 나라 인도는 1947년에
영국의 지배를 벗어나 독립했는데,
그해에 인도와 파키스탄, 두 나라로 갈라졌어.
그럼 이제 더 자세하게 알아보자.

## 조사의 미로에 들어가기

조사가 필요할 때마다 미로에 들어가요.
실제 미로와 달리 조사의 미로에서는 같은 길을
여러 번 반복해서 가는 것도 도움이 돼요.

### 자료 읽기

책과 글로 된 자료는 주제를
전체적으로 이해하는 데
도움이 돼요.

### 대화

실제로 사건을 경험한 사람들을 만나
인터뷰할 수 있어요.

### 공공 도서관

### 서점

### 전문 도서관

여기에서는 역사가들이 쓴
더 자세한 글을 읽을 수 있어요.

39

# 다양한 증거

역사학에서 과거의 직접적인 증거가 되는 것을 **1차 자료**라고 해요.
역사가가 연구하고 있는 그 시기에 만들어졌거나 기록된 것들이지요.

### 문서 자료

문서 자료는 고대의 낙서에서 일기, 편지,
공식 문서, 신문 기사에 소셜 미디어 게시물까지
글로 쓴 온갖 것을 포함해요. 문서 자료는
과거 중요한 순간의 세부적인 내용뿐 아니라
그 시절을 살았던 사람들의 생각, 믿음, 동기도 보여 줘요.

다들 이것 좀 보세요!
사람이 달에 착륙했어요!

@happy_historian5387 | 2012년 12월 14일
나는 치푼도 대통령에게 투표할 거야.
그 사람은 우리 나라 사람들이
뭘 원하는지 알아!

### 사진과 영상

19세기 말부터 사람들은
자신들이 행동하고 말하고 생각한 것을
사진과 비디오, 음성 녹음으로 남겼어요.

치지직...
돈을 얼마나 줘야
그 녀석이 입을 다물까?
치지직...

미래에는 이런 장난 영상도
증거가 될 거야.

## 유물

유물은 과거에 사람들이 만들고 사용한 물건으로, 동전, 옷, 도구, 건물 등이 있어요.

## 환경 자료

사람이 만들지 않은 자료도 있어요. 홍수의 지질학적 증거나 특정 시기의 대기에 어떤 기체들이 있었는지 알려 주는 빙하 코어* 등은 과거에 대해 유용한 사실을 알려 줘요.

*땅 위에 두껍게 덮인 얼음에 깊은 구멍을 뚫어서 캐낸 길쭉한 얼음덩어리.

이렇게 큰 홍수라면 주민들이 이곳을 떠나야 했을 거야.

빙하 코어 그래프 - 시대별 이산화 탄소 변화

산업 혁명이 시작되면서 이산화 탄소 농도가 크게 오름

이탄지*에 묻힌 고대 꽃가루를 연구하면 청동기 농부들이 어떤 작물을 키웠는지 알 수 있어.

*죽은 식물이 석탄이 되지 못하고 쌓여 생긴 토양층.

크르릉! 나는 역사 자료가 아니야. 나는 사람이 세상에 나타나기 한참 전에 살다가 멸종했거든. 그래서 사람에 대해서는 내가 해 줄 이야기가 없어.

역사가들이 쓰는 1차 자료의 종류는 무엇을 연구하느냐에 따라 달라져요. '고대 로마'를 연구한다면 사진이나 녹음, 녹화 자료를 쓸 수 없지만, '20세기 패션'을 연구한다면 그런 자료를 적극 활용할 수 있지요.

# 기록물 보관소의 축복

기록물 보관소는 정보를 모아 보관하는 곳으로 **기록물 관리사**가 운영해요.
기록물 보관소는 온라인으로 운영되는 디지털 보관소도 있고,
문서로 가득 채운 커다란 건물도 있어요. 역사가들에게 이곳은 보물 창고예요.
수많은 증거를 헤치고 새로운 아이디어를 발견하는 일은 특별한 즐거움을 준답니다.

## 기록물 보관소는 어떻게 운영되나요?

대부분의 나라는 **국가기록물**을 관리하는 기관을 두고 정부에서 나오는 중요 문서를 모두 보관해요.
대학이나 종교 단체, 기업체 같은 여러 기관에서도 기록물 보관소를 두는 경우가 많아요.

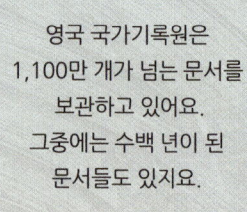

영국 국가기록원은 1,100만 개가 넘는 문서를 보관하고 있어요. 그중에는 수백 년이 된 문서들도 있지요.

정부와 공무원들은 그들이 했던 회의, 정책, 이뤄 낸 결과를 문서로 기록해요.
그리고 더이상 그 문서를 쓸 일이 없어지면 그중 일부를 골라 국가 기록원에 보관해요.

기록물 보관소는 자료를 체계적으로 정리해야 해요. 만약 자료를 모두 디지털로 기록한다면, 필요한 문서를 찾기가 쉬워질 거예요. 디지털 기록은 역사가들이 자료를 찾는 시간을 절약하게 해 주지만, 시스템을 만드는 데 많은 노력이 필요해요.

# 기록물 보관소의 문제

기록물 보관소에 너무도 많은 정보가 있다 보니 사람들은 때때로 기록물 보관소에 없는 자료도 있다는 것을 잊어버리곤 해요. 하지만 우리는 *보관된* 것만큼이나 *보관되지 않은* 것들도 생각해야 해요.

첫 번째로,
'평범한 사람들'의 삶에 대한 기록은 별로 없어요.

두 번째로,
어떤 정보를 보관하고 버릴지는 '누군가의 결정'에 따라 달라져요. 그리고 우리는 그 선택의 이유를 알 수 없을 때도 있지요.

이건 필요 없어. 버려도 돼.

때로는 기록을 일부러 파괴해서 중요한 내용을 완전히 없애기도 해요.
독일은 1949년에 동독과 서독, 두 나라로 갈라졌다가 1990년에 다시 통일되었어요.
통일 직전에 동독의 공무원들은 정부가 한 일을 감추기 위해 수많은 문서를 찢어 버렸어요.

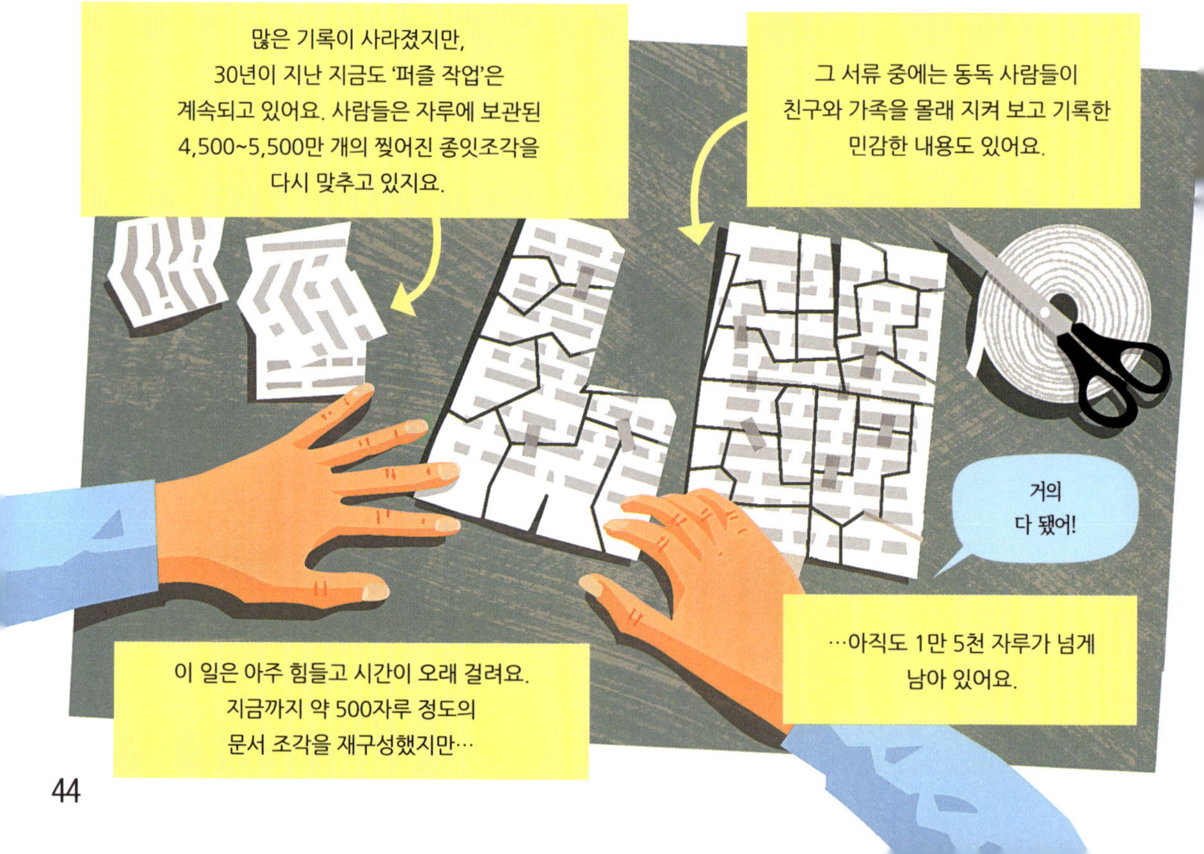

많은 기록이 사라졌지만, 30년이 지난 지금도 '퍼즐 작업'은 계속되고 있어요. 사람들은 자루에 보관된 4,500~5,500만 개의 찢어진 종잇조각을 다시 맞추고 있지요.

그 서류 중에는 동독 사람들이 친구와 가족을 몰래 지켜 보고 기록한 민감한 내용도 있어요.

거의 다 됐어!

…아직도 1만 5천 자루가 넘게 남아 있어요.

이 일은 아주 힘들고 시간이 오래 걸려요. 지금까지 약 500자루 정도의 문서 조각을 재구성했지만…

정부만 기록을 파괴하는 건 아니에요.
많은 사람들이 개인의 정보를 감추거나 없애 버려요.

## 진실 찾기

기록물 보관소에 있는 정보가 모두 진실인 것도 아니에요.
예를 들어 20세기 중국을 연구하는 역사가들은 1958년에서 1962년 사이
중국을 강타한 대기근 때 사람들이 몇 명이나 죽었는지 추정하는 일에 어려움을 겪어요.

그래서 기록물 보관소의 문서도 항상 비판적으로 봐야 해요. 모든 1차 자료가 마찬가지예요.
다음 장에서 더 자세히 알아보세요.

# 자료에 숨겨진 의미 찾기

자료에는 겉으로 드러난 것보다 더 많은 것이 담겨 있어요. 역사가는 자료의 표면적 의미를 넘어서 자료가 실제로 의미하는 것을 깊이 탐구해야 해요. 그렇게 하기 위해서는 아래와 같은 질문들이 필요해요.

## 자료의 종류가 무엇인가요?

"이건 신문 기사고, 이건 일기예요. 이 두 자료를 어떻게 봐야 하나요?"

"자료의 성격을 생각해 봐야 해. '신문'은 기본적으로 진실을 말해야 하지. 하지만 그렇다고 해서 사람들이 신문을 더 신뢰할까?"

"'일기'는 내밀한 목소리를 담고 있어. 그렇지만 과연 일기에 쓰는 말이 전부 진실이라고 할 수 있을까?"

## 누가 그 자료를 만들었나요?

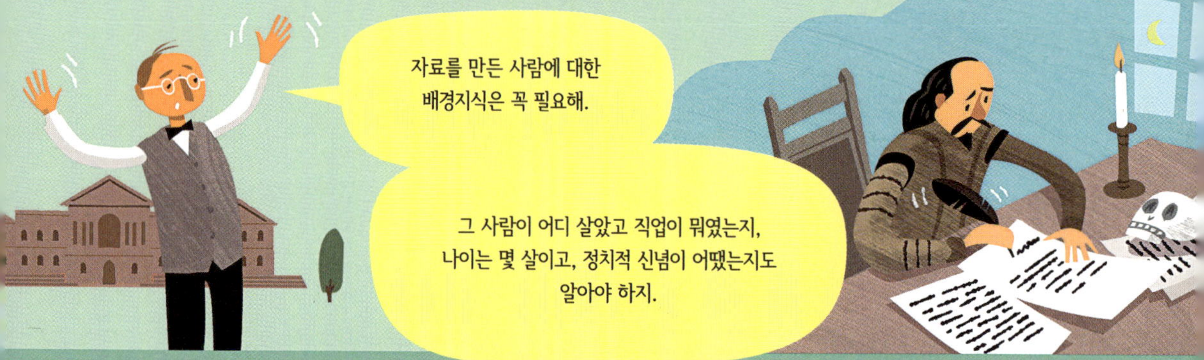

"자료를 만든 사람에 대한 배경지식은 꼭 필요해."

"그 사람이 어디 살았고 직업이 뭐였는지, 나이는 몇 살이고, 정치적 신념이 어땠는지도 알아야 하지."

## 누구를 위해 만들었나요?

"벌거벗고 하늘을 나는 통통한 아기들이 왜 이렇게 많아요? 정말 이상해요!"

"오늘날의 우리에게는 이상해 보일 수 있지만, 한 번 생각해 봐. 이 그림은 누구를 위해 그린 걸까? 어디에 왜 전시하려고 한 걸까?"

## 언제 만들어진 자료인가요?

이 편지는 사건 다음 날 쓴 편지예요. 글쓴이는 무슨 일이 벌어졌는지 제대로 이해할 시간은 없었지만, 현장 상황을 생생하게 기록했어요.

그러면 이 신문 기사가 더 유용할까? 이건 1년 후에 같은 사건을 기억하기 위해 쓰여진 기사야.

자료와 그 시대에 대해 우리가 알고 있는 내용을 비교해 보는 일도 중요해.

## 자료가 실제로 말하는 것은 무엇인가요?

음… 일기를 읽어야 할까요?

물론 읽어야지. 하지만 읽으면서 몇 가지 질문을 해야 해. 이 자료가 어떤 면에 집중하고 있지?

혹시 핵심적인 내용을 빼놓지는 않았나? 특별히 놀라운 내용이 있나?

## 자료가 나에게 어떤 도움이 될까요?

알겠어요. 작은 정보들을 모아서 큰 그림을 만들어야 하는 거군요.

맞아! 역사가는 한 자료가 다른 자료들과 들어맞는지 생각해 봐야 해.

그리고 앞에 나온 모든 질문을 잊지 않아야 하지. 이 자료는 네 생각을 바꾸었니? 아니면 확신을 갖게 했니?

물론 위의 질문들을 항상 빠짐없이 할 수는 없어요. 그리고 자료별로 다른 질문이 필요할 때도 있지요. 중요한 점은 계속 답을 찾아 나가는 거예요.

## 누구를 믿을 수 있을까?

역사가들은 수많은 1차 자료를 들여다봐요. 그런데 같은 시기의 자료들도 서로 다른 이야기를 할 때가 많아요. 그럼 어떤 자료에 귀를 기울여야 할까요?

아래에 두 개의 실제 자료가 있어요. 이 자료들은 인도의 분할 초기인 1947년 8월 14일과 15일에 관해 크게 다른 이야기를 전해요.

### 오늘 두 개의 자치령이 태어나다.

오늘 인도 전역에서 많은 사람들이 독립 기념일을 축하할 것이다. 8월 15일, 두 개의 새로운 자치령 '인도'와 '파키스탄'이 태어난 날이다.

어제 뉴델리시에서는 사회 모든 구성원이 힘을 합해서 오늘을 도시 역사상 가장 즐겁고 떠들썩한 날로 만들 마지막 준비를 했다.

많은 기업에서는 보너스를 나눠 줄 계획이다. 또한 관계 당국은 고통받는 빈민과 고아를 위한 급식 시설을 준비했다.

이런 비공식 축제가 예포 31발 발사, 행군, 깃발 300개 게양식과 불꽃놀이에 더해질 것이다. 어제 파키스탄의 수도 카라치에는 환호하는 군중이 넘쳐 났고, 마지막 총독 루이스 마운트배튼 자작은 인도의 수도 뉴델리로 떠났다. 마운트배튼은 그곳에서 인도의 총독직을 수행할 예정이다.

> 영국 신문 《데일리 미러》
> 1947년 8월 15일 기사

> 인도의 분할 당시 방글라데시 정치인이자 시민 운동가였던 수하시니 다스의 일기.

> 1947년 8월 14일
> 나는 오늘 잼탈라, 미르자 장갈, 탈툴라의 모든 여자를 만났다. 우리 나라가 드디어 독립국이 되었다! 그런데 사람들 얼굴에는 기쁨이 없었다. 많은 사람이 이미 떠났고, 남아 있는 사람들은 끝없는 공포 속에 살고 있다. 나는 사람들에게 문제가 생기면 한곳에 모여야 한다고 말했다. '소라 나팔'이라는 이름의 안전지대가 만들어질 것이다.

두 자료는 같은 사건에 대해 전혀 다른 이야기를 전해요. 둘 중 어떤 것이 의미 있는 자료라고 판단해야 할까요? 답은 '둘 다'예요. 여러 가지 다른 입장을 비교하면 실제 사건이 어땠는지 더욱 정확히 이해하고, 자료가 서로 다른 이야기를 하는 이유도 파악할 수 있어요.

신문 기사에는 인도와 파키스탄이 갈라져서 독립했을 때 인도 전역이 잔치 분위기였다고 적혀 있어.

그런데 일기에는 잔치 분위기 대신 사람들이 공포와 불안을 느끼고, 집을 버리고 떠났다는 글만 있어.

둘 중 하나는 잘못된 거네요!

많은 자료를 보면 인도의 분할은 아주 격렬한 사건이었어. 이 일로 200만 명이 죽고 수천만 명이 집을 떠나야 했으니까.

그러면 신문 기사는 무시해야겠네요. 기자가 완전히 틀렸어요!

기사와 달리 인도와 파키스탄 전역에서 평화로운 축제가 열리지는 않았어. 그렇다고 그 자료가 쓸모없는 건 아니야. 그 기사는 왜 사건의 잔혹함을 외면한 걸까? 누구를 위해 쓴 글일까?

영국 신문의 기사였지요? 아마 신문 독자들에게 영국이 인도를 성공적으로 떠났다고 말하고 싶었던 것 같아요.

맞아. 반면에 다스의 일기는 현실은 기사와는 전혀 달랐다고 전하지.

신문은 독자들에게 긍정적인 이야기를 하고 싶어서 격렬한 상황과 혼란을 언급하지 않았어. 그걸 보면 당시 영국이 이 사건을 어떻게 봤는지 알 수 있지.

49

## 과거를 상상하기

최초의 인류가 살았던 사회는 연구할 자료가 아주 희귀해요. 최초의 인류는
글을 쓰지 않았기 때문이에요. 역사가들에 따르면, 그 시절 사람들은
아주 작은 집단을 이루어 살았어요. 동물을 사냥하고 나무 열매를 채집했으며
계절에 따라 집을 옮겼어요. 생활도 인간 사회도 단순했답니다.

1960년에 고고학자들은 오늘날의 러시아 지역에서 약 3만 년 전에 묻힌 두 소년의 무덤을
발굴했어요. 무덤이 얼어붙은 땅속 깊은 곳에 있어서 보존이 잘 된 상태였지요.
발굴 당시에 무덤은 이런 모습이었어요.

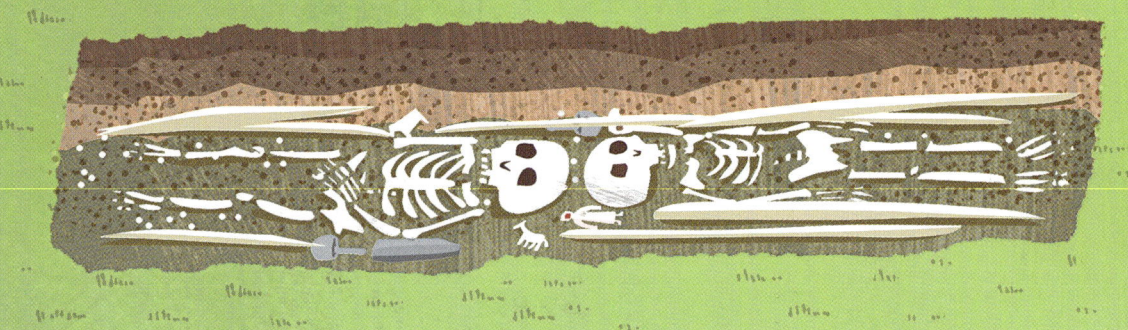

무덤 속에는 엄청난 수의 귀중품이 같이 묻혀 있었어요. 두 소년은 모두 뼈가 휘는 희귀병에
걸려 있었어요. 아마 무덤에 묻혔을 때는 이런 모습이었을 거예요.

- 1만 개의 상아 구슬로 정성스레 장식한 옷
- 곧게 편 매머드 엄니로 만든 16개의 창
- 온갖 수제 장식물과 물건들
- 여우 이빨 300개를 꿰어 만든 장신구

이렇게 정성을 기울여 만든 보물들이 발견되자
3만 년 전 사람들의 삶에 대한 그동안의 이론이 흔들렸어요.

고고학자와 역사학자들은 수렵 채집민이 이 많은 보물을 만들 시간이나 기술이 없었을 거라고 생각했어요.

우리는 직접 이 구슬을 만드는 실험을 했어. 구슬 하나를 만드는 데 한 시간이 걸렸지. 그러면 소년들의 옷에 달린 구슬을 만들기 위해 적어도 1만 시간은 들었다는 거잖아. 단순하게 사는 소규모 집단에서는 만들 수 없어.

긁적긁적

오늘날에도 어린이와 장애인은 사회적 지위가 높은 경우가 드물어. 그런데 이 아이들은 희귀병에 걸렸는데도 왕처럼 화려하게 묻혔어.

그러면 이 무덤에서 무엇을 알 수 있지?

적어도 최초의 인류 사회가 우리가 생각했던 것보다 복잡했다는 점을 알 수 있지.

하지만 역사가들은 다른 가능성도 생각했어.

이 무덤은 당시 사회에 왕이 있었다는 사실을 보여 준다고 생각해. 역사에 기록된 최초의 왕보다 2만 5천 년 정도 앞서는 거지!

아니, 그건 너무 나갔어. 중요한 특징은 이 아이들에게 장애가 있었다는 거야. 남들과 달라서 특별한 지위를 얻은 거야.

아니면 희생된 것일 수도 있어. 둘 중 큰 소년의 이를 분석해 보니 먹은 음식의 종류가 보통 사람들과 달랐어. 아이의 삶과 죽음이 모두 제사 의식의 일부였을지도 몰라.

과학과 고고학의 도움으로 우리는 한 무덤에서 이렇게 많은 정보를 얻을 수 있고, 그 정보를 통해 의미 있는 여러 질문을 해 볼 수 있답니다.

# 간접 정보

역사는 끝없이 이어지는 토론이고, 역사가들의 주장은 그 자체로 중요한 자료예요.

"이 책 무더기를 읽으면 사건에 대한 여러 가지 주장을 잘 이해할 수 있을 거야. 한번 읽어 봐!"

"세상에, 이걸 언제 다 읽어요? 저는 스스로 판단하고 싶어요. 도대체 왜 다른 사람들이 쓴 글을 읽어야 하나요?"

"한 역사가의 주장은 다른 역사가의 자료가 되기 때문이지."

"하지만 역사가의 주장은 그 당시의 기록이 아니니까 1차 자료가 아니잖아요."

"맞아! 그래서 역사가들의 주장은 **2차 자료**라고 불러."

"알겠어요. 하지만 무슨 일이 있었는지 직접 겪은 사람들의 기록이 있는데 왜 역사가들의 주장을 읽어야 하나요?"

"2차 자료는 낯선 주제를 처음 만날 때 좋은 수단이 돼. 처음부터 1차 자료를 보면 이해하기 힘들 수도 있거든."

"아하! 하나의 팀을 이루는 거군요! 새로운 주제를 연구할 때, 다른 역사가의 글을 읽으면 사건의 전체적인 구조를 쉽게 알 수 있다는 말이네요."

사건에 대한 다른 역사가의 생각을 이해한 뒤에는, 그 생각이 옳은지 아닌지 우리가 결정해야 해요.

- 1차 자료에 대한 이 2차 자료의 해석에 동의하는가?
- 다른 1차 자료들은 이 주장과 일치하거나 어긋나는가?
- 이 주장이 이야기의 중요한 부분을 놓치고 있지는 않은가?
- 이 사람이 선택한 접근법이 주장하는 바에 걸림돌이 되는가? 다른 접근법을 선택하면 주장이 더 설득력을 얻을 수 있을까?

이렇게 다른 역사가들의 주장을 탐구하는 것은 우리 자신의 주장이 무엇인지, 그리고 어디에 들어맞는지를 알아내는 핵심적인 과정이에요.

- 토론에 참여하는 길이 기존의 주장에 반대하는 것만 있는 건 아냐. 다른 사람들이 내놓은 질문에 답을 할 수도 있고 새로운 증거를 통해 기존의 주장을 지지할 수도 있어.
- 하지만 다른 사람의 주장에 반대하려면, 내 주장을 분명히 밝혀야 하고 그걸 뒷받침할 증거가 있어야 해. 내 주장이 설득력이 있으면 과거에 관한 사람들의 생각을 변화시킬 수 있어.

역사가들은 서로 견해가 다를 때에도 과거를 더 잘 이해하기 위해 협력해요. 토론과 논쟁은 역사 연구의 원동력이지요. 2차 자료를 읽을 때면 이 토론에 추가하고 싶은 내용이 있는지 생각해 보세요.

# 종합하기

역사가가 기록물 보관소를 훑고, 1차 자료와 2차 자료를 꼼꼼히 살펴본 뒤
연구 중인 과거에 대해 상상하는 일까지 마치면,
이제 모두를 종합해서 자신의 주장을 펼칠 때가 되었어요.

여러 가지 방법을 쓸 수 있지만, 이때 해야 할 일과 하면 안 되는 일이 있어요.

역사가들은 대부분 대략적인 아이디어, 즉 **가설**에서 출발해요. 과거에 일어났거나 일어났다고 추정되는 일을 생각해 보는 거지요. 그다음에 증거를 토대로 자신의 주장을 펼쳐 나가요.

자신의 주장을 위해
증거를 **조작**하면 안 돼요.

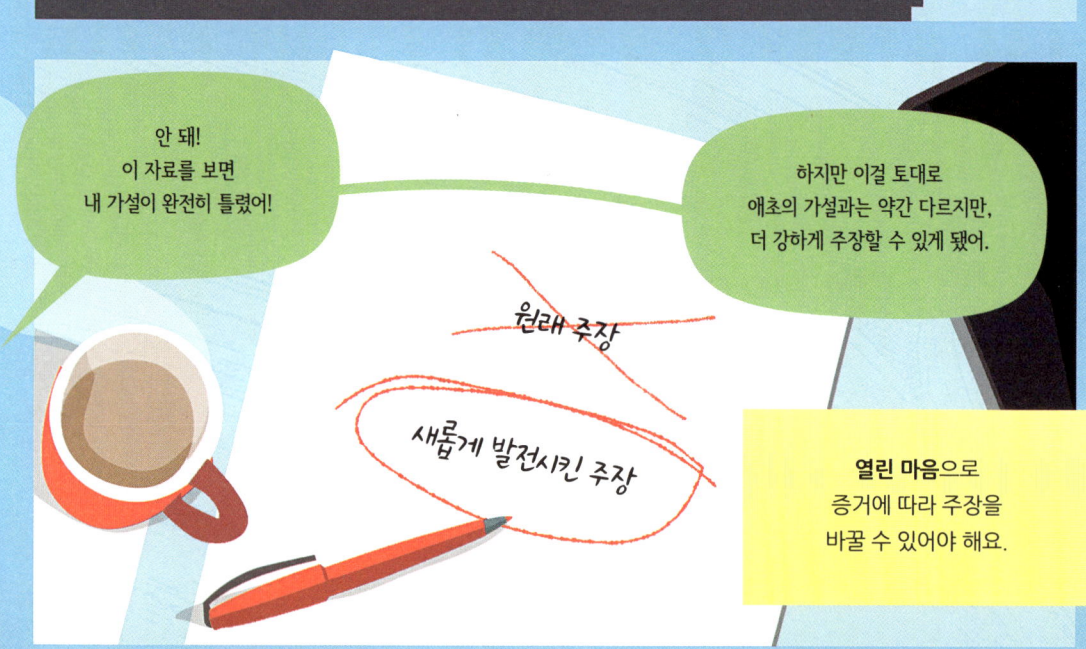

**열린 마음**으로
증거에 따라 주장을
바꿀 수 있어야 해요.

다른 역사가의 주장에 반박할 때는 사람들이 내 주장을 그냥 믿어 주기를 기대하면 안 돼요.

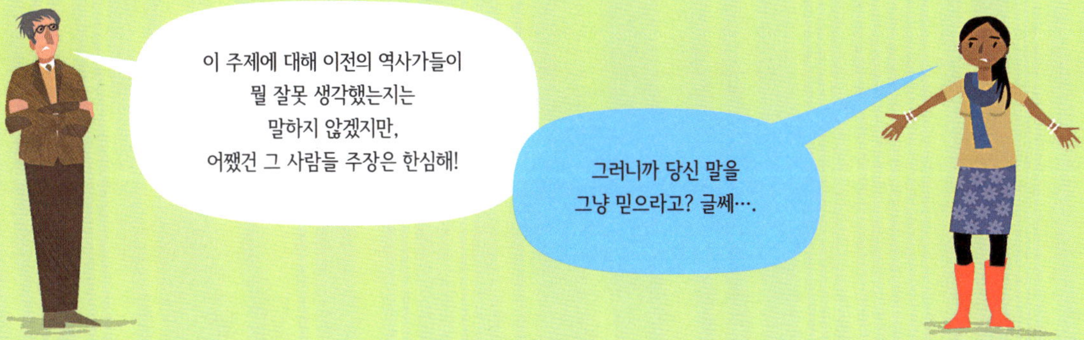

이 주제에 대해 이전의 역사가들이 뭘 잘못 생각했는지는 말하지 않겠지만, 어쨌건 그 사람들 주장은 한심해!

그러니까 당신 말을 그냥 믿으라고? 글쎄….

다른 사람이 틀렸다고 말하려면 그 이유를 설명하고, 증거로 자신의 주장을 뒷받침해야 해요. 여기 가상의 사례를 통해 자세히 살펴보세요.

W.R. 옹은 1922년 인플루엔자 대확산 시기에 정부가 프레스톤 대통령의 지휘 아래 체계적으로 대응했다고 주장한다.[1] 하지만 새로 발견된 당시 문서에 따르면, 당시 정부의 위기 대응은 엉망이었다. 한 기록을 보면 대통령은 대확산 초기 2주 동안 외국에 있었다.[2]

이 자료를 보면 문장 끝에 작은 숫자가 붙은 경우가 있어. 이것은 '참고 문헌'이 있다는 뜻이야. 아주 중요하지.

**참고 문헌**은 역사가가 이 자료를 어디서 보았는지를 알려 주어요. 그래서 다른 역사가도 자료의 내용을 확인하고 받아들일 수 있는 주장인지 판단할 수 있어요. 참고 문헌은 대개 책 아래쪽이나 뒤쪽에 실려요.

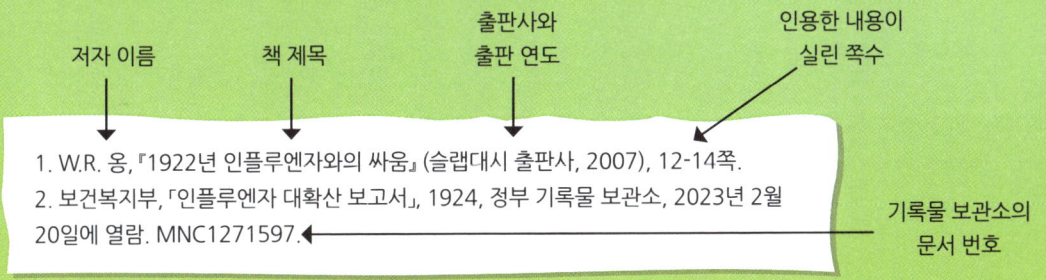

저자 이름 — 책 제목 — 출판사와 출판 연도 — 인용한 내용이 실린 쪽수

1. W.R. 옹, 『1922년 인플루엔자와의 싸움』 (슬랩대시 출판사, 2007), 12-14쪽.
2. 보건복지부, 「인플루엔자 대확산 보고서」, 1924, 정부 기록물 보관소, 2023년 2월 20일에 열람. MNC1271597.

기록물 보관소의 문서 번호

# 제3장
# 다양한 접근법

역사가들은 다양한 방법으로 과거를 바라보고 설명해요.
이런 접근법은 **렌즈**와 비슷하게
역사가마다 과거에서 약간씩 다른 부분에 초점을 맞춰요.
3장에서는 역사가들이 가장 많이 사용하는
렌즈 몇 가지를 살펴보아요.

역사가가 사용하는 접근법은
조사하면서 발견한 증거만큼이나
설명에서 큰 차이를 만들어요.

# 다수냐 소수냐?

역사는 이야기이고, 이야기에는 등장인물이 필요해요.
그런데 역사가는 어떤 사람을 주인공으로 선택해야 할까요?
그 선택에 따라 과거를 이해하는 방식이 크게 달라져요.

역사를 이야기하는 한 가지 방법은 정치 지도자, 군사령관, 발명가 같은 '영향력 있는 사람'을 살펴보는 거예요. 이 접근법은 강력한 **개인**의 선택이 세상을 움직인다는 생각을 바탕으로 해요.

아래에서 1928년에 영국 여성들이 투표권을 얻게 된 과정의 예를 살펴보세요.

같은 사건을 '다수의 사람'을 주인공으로 하여 설명할 수도 있어요.
이때는 여자들이 주인공이지요. 이 접근법을 **사회사**라고 해요.
사회사는 역사적 사건이 많은 사람들의 집단적 선택으로 결정된다고 생각해요.

다음은 역사가가 무엇을 중요하게 생각하느냐에 따라
같은 사건의 결론이 달라지는 모습을 보여 주어요.

1789년에 프랑스 혁명이 시작된 뒤 '공포 정치'라고 하는 잔혹한 폭력의 시기가 있었어요. 과격한 혁명 정부가 왕과 왕비를 처형하고, 그 밖에도 수천 명의 사람을 '혁명의 적'으로 몰아 단두대라는 장치로 사형시켰어요.

단두대

이 이야기는 '로베스피에르'라는 사람이 핵심이야. 공포 정치를 주도한 공안 위원회의 지도자였으니까.

글쎄. 난 공포 정치는 혁명이 실패할까 봐 겁이 난 평범한 '프랑스 국민'이 비난 대상을 찾는 과정에서 생겨났다고 생각해.

하지만 로베스피에르의 연설과 글이 사람들을 끓어오르게 했어. 연설을 잘했거든.

그것도 맞지만, 사람들은 평등한 사회를 건설할 거라는 로베스피에르의 약속에 귀를 기울인 거야. 거의 모든 사람이 원했던 거니까.

그러면 로베스피에르가 처형되자 공포 정치가 바로 끝난 건 어떻게 설명해?

여러 가지 요인이 있지. 국내외의 전쟁에서 승리가 이어졌고, 공안 위원회가 사람들의 삶을 나아지게 만들지 못했어. 무엇보다도 너무 많은 죽음으로 사람들이 지쳤지. 한 사람만의 문제가 아니야.

# 원인이냐 의미냐?

대체로 역사가들은 어떤 일이 일어난 원인과 결과를 탐구해 왔어요.
이에 더해 최근에는 각 사건이 그것을 경험한 사람들에게
어떤 **의미**였는지를 묻는 시도를 하고 있어요.

'스톤월 항쟁'이라는 사례를 통해 **원인과 결과**를 간략하게 알아보세요.
1969년 6월에 미국 뉴욕시에서 경찰이 동성애자 술집 '스톤월 인'을 습격하자
이에 항의하는 시위가 이어졌던 사건이에요.

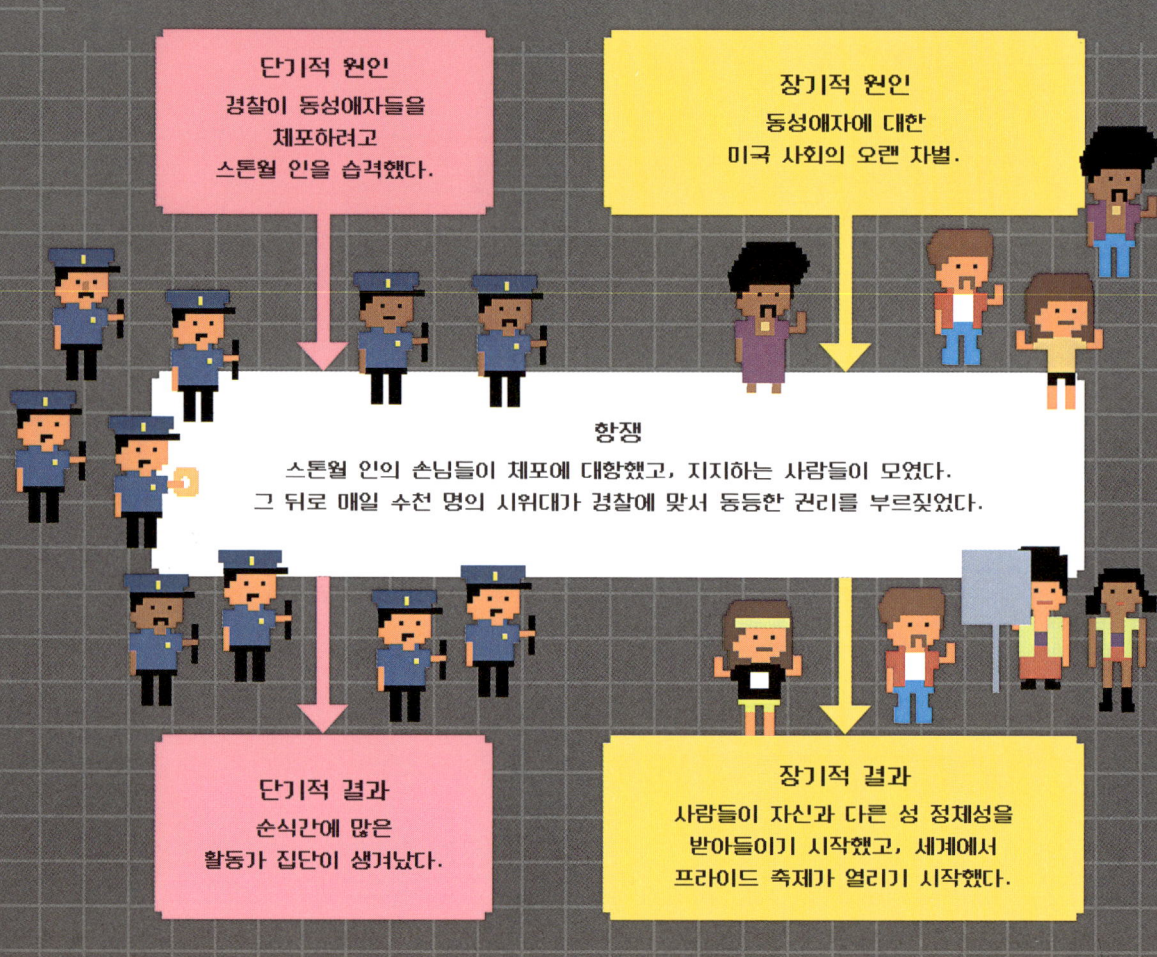

**단기적 원인**
경찰이 동성애자들을 체포하려고 스톤월 인을 습격했다.

**장기적 원인**
동성애자에 대한 미국 사회의 오랜 차별.

**항쟁**
스톤월 인의 손님들이 체포에 대항했고, 지지하는 사람들이 모였다. 그 뒤로 매일 수천 명의 시위대가 경찰에 맞서 동등한 권리를 부르짖었다.

**단기적 결과**
순식간에 많은 활동가 집단이 생겨났다.

**장기적 결과**
사람들이 자신과 다른 성 정체성을 받아들이기 시작했고, 세계에서 프라이드 축제가 열리기 시작했다.

1. 원인을 설명하면 사건이 전개된 방식을 이해할 수 있어요.

2. 원인과 결과를 탐구하면 이야기의 중요한 부분인 패턴과 주제를 찾고 이해할 수 있어요.

3. 이 방식은 시작과 끝이 있어서 전통적인 이야기처럼 느껴져요. 나쁜 건 아니지만, 이런 방식은 증거를 제시하는 방법도 결정해 버려요.

사건을 순서대로 정렬하는 것은 역사를 이해하는 데 도움이 되지만, 어떤 역사가들은 너무 단순한 방식이라고 주장해요.

이런 방식은 실제 역사에 가득한 우연과 혼란을 무시하는 것 같아! 빠짐없이 모두 다룰 방법은 없을까?

기간의 문제도 있어. 원인을 찾아 언제까지 거슬러 올라가야 해?

그러면 무얼 해야 할까요? 역사가들은 특정 사건이 사람들에게 어떤 *의미*였는지를 알아내기 위해서 문화와 환경뿐 아니라 사람들의 동기와 가치 기준도 연구해요. 이제 역사가가 스톤월 항쟁에 관해 연구해 볼 법한 질문 몇 가지를 살펴보세요.

스톤월 항쟁은 어떻게 성소수자 인권의 상징이 되었을까?

미국인들은 이 일을 어떻게 생각했을까?

시위 참가자들은 어떤 느낌을 받았을까?

실비아 리베라

한순간도 놓칠 수 없어. 이건 혁명이야!

스톤월 항쟁과 오늘날의 사건들은 어떻게 연결될까?

나는 시위대의 용기에 감동받았어.

마샤 P. 존슨

우리는 그저 "강제 진압하지 말라."고 외쳤을 뿐이야.

나는 우리가 자신과 다른 사람들에 대한 편견에 사로잡혀 있었다는 걸 깨달았어.

경찰은 어땠지? 그중에 생각을 바꾼 사람들이 있을까?

역사가들은 흔히 사건의 원인과 의미를 **함께** 연구해요. 그래야 역사의 복잡하고 수많은 이야기를 더 잘 이해할 수 있어요.

# 장기냐 단기냐?

연구할 범위를 긴 '장기'로 잡느냐 짧은 '단기'로 잡느냐 하는 결정도 사건에서 중요한 점을 인식하는 데 큰 영향을 미쳐요.

## 단기적 역사

단기적 역사는 하나의 사건 또는…

…십 년 정도의 시간이나 한 사람의 인생을 연구해.

그래서 정치적 사건,

전쟁,

## 장기적 역사

장기적 역사는 수백 년이나 수천 년을 연구해.

이건 광범위한 패턴을 찾는 데 효과적이야.

장기적 발전을 살펴볼 수 있는 분야는 이런 것들이 있어.

동물들의 가축화

언어의 발달

종교의 확산

기술 발전

기후가 사람에게 미치는 영향

역사가 중에는 단기에 집중하는 사람이 더 많지만 장기적인 시각으로 살펴보는 것도 흥미로워!

역사가가 장기와 단기를 일부러 선택하는 경우는 많지 않아. 대개 연구 주제가 시간 규모를 결정하지.

# 비교하기

역사가들의 이야기는 흔히 하나의 사건이나 한 순간에 집중해요.
하지만 늘 그런 것은 아니에요. 때로는 과거의 여러 사건이나
사회를 서로 비교해서 *하나의 이야기*로 엮기도 해요.

**비교역사학**은 역사적 사건들의 비슷한 점과 다른 점을 찾아요.
이런 방식으로 연구하려면 비슷한 점이 몇 가지 이상 있는 두 사건을 찾아야 해요.

예를 들어 '로마의 건축'을
'제1차 세계 대전을 일으킨
정치적 사건들'과 비교한다면
별 소득이 없을 거예요.

오스트리아 황태자
프란츠 페르디난트 암살당하다!

로마 건축과
제1차 세계 대전
비교 보고서

둘은 크게 다르다.

끝.

하지만 '프랑스 혁명'과 '러시아 혁명'을 비교하면 흥미로운 결과가 몇 가지는 나올 거예요.

나는 프랑스 혁명을 이끌며
왕을 끌어내리는 일을 도왔어요.

아하, 나도 러시아에서
똑같은 일을 했어요.
당신은 왜 그런 일을 했나요?

막시밀리앙 로베스피에르,
프랑스 혁명의
핵심 지도자

블라디미르 레닌,
러시아 혁명의
핵심 지도자

우리는 사치스럽고
무능한 왕실의 지배에 지쳤어요.
그래서 왕을 처형하고
국민이 선출한 정부를 세웠어요.
당신은 어떤가요?

우리도 비슷했어요.
그래서 왕족을 죽이고
정부를 장악한 뒤
직접 나라를 운영했지요.

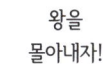
왕을 몰아내자!

차르를 몰아내자!

두 혁명은 원인이 비슷했어요. 국민 위에 군림하는 왕정과 부자들만 살기 좋은 사회를 무너뜨리는 것이었지요.

부자들을 몰아내자!

하지만 두 혁명의 바탕이 된 생각은 달랐어요. 프랑스 혁명가들은 왕정을 없애고 국민이 뽑은 정부를 세우고자 했어요. 공정하고 평등한 사회를 만드는 게 좋다고 생각했던 거예요.

자유, 평등, 박애*!
*모든 사람을 평등하게 사랑함.

레닌은 나라의 부를 노동자들에게 골고루 나누어야 하지만 그러려면 자신이 이끄는 공산주의 정부가 통치해야 한다고 생각했어요.

이제 인민*이 지배한다. 받아들여라!
*국가나 사회를 구성하는 사람들.

비교하기는 과거의 사건을 더 깊이 이해할 수 있게 돕는 방식이에요. 하지만 단점도 있어요.

혁명 하나를 연구하려고 준비했는데, 이제 둘을 조사해야 하네요.

그러니까요. 이제 두 혁명에 관한 자료를 읽기 위해 프랑스어와 러시아어를 배워야 해요.

비교를 위해 너무 많은 것을 단순화하는 듯해요. 프랑스 혁명 직후에 나폴레옹이 권력을 잡고 황제가 됐는데 그것은 왜 언급하지 않나요?

왜 꼭 그 두 혁명을 비교하는 거예요? 그중 하나를 2010년 12월에 시작된 '아랍의 봄' 혁명과 비교하는 건 어때요?

# 대규모냐 소규모냐?

이야기를 쓸 때는 배경을 생각해야 해요.
이야기의 무대가 작은 마을인가요? 아니면 전 세계인가요?

역사가들은 전통적으로 미국, 중국, 인도 같은
개별 국가를 이야기의 무대로 삼았어요.
서점이나 도서관에 가서 역사책을
살펴보면 확실히 알 수 있지요.

> 역사는 너무 방대해서
> 모든 걸 알 수는 없어요.
> 우리 나라의 역사만
> 배우는 게 좋겠어요.

> 흠. 그런데 '나라'란 뭘까요?
> 현대 이탈리아는 로마 제국과 같은 나라라고
> 볼 수 있나요? 나라는 사람들이 정한 국경으로
> 갈라진 지역인가요? 아니면 같은 언어를 쓰는
> 사람들의 무리인가요? 그것도 아니라면
> 같은 역사를 공유하는 사람들의 집단인가요?

> 믿기 어렵겠지만,
> 그건 누구도 확실히 알지 못해.
> 나는 역사가들이 흔하게 개별 나라를
> 무대로 삼는 것은 잘못됐다고 봐.
> 나라가 최선의 무대일 때도 있지만
> 그렇지 않을 때도 있거든.

그럼 우리는 어떤 크기의 무대를 선택할 수 있을까요?
대규모 역사는 전 세계, 넓은 지역, 큰 주제에 집중해요.

수백 년 전 가톨릭교회는 교회의 가르침에 반대한다고 의심되는 사람들을 뿌리 뽑기 위해 '종교 재판소'를 만들었어요. 이 이야기를 하려면 이야기의 무대를 남부 유럽으로 한정시킬 수도 있고, 세계 곳곳에 있는 유럽의 식민지까지 넓힐 수도 있어요.

'스포츠'도 이야기의 무대가 될 수 있어요. 예를 들어 유럽 제국주의 국가들과 옛 식민지의 관계를 이야기할 때, 유럽 국가들과 그들의 식민 지배를 받았던 현대 국가 사이의 월드컵 경기를 살펴볼 수도 있어요.

그리고 이런 대규모의 이야기를 작게 쪼갤 수도 있어요.

종교 재판소 이야기를 할 때 100~200명 정도가 사는 작은 프랑스 마을을 배경으로 삼을 수도 있어요.

영국과 카리브해 국가 사람들 사이의 관계를 이야기할 때 크리켓 경기를 배경으로 정할 수도 있어요.

# 제4장
# 사람의 역사

이제 우리는 역사를 연구할 준비가 되었어요.
그런데 무엇을 연구해야 할까요?
간단히 답하자면, '우리가 원하는 것은 무엇이든' 연구할 수 있어요.
사실 역사가가 살펴볼 수 있는 주제란 너무 다양하고,
접근법도 아주 많아서 이 책에 다 적을 수는 없어요.

그래서 거대한 잔칫상에 차려진 음식처럼
많고도 많은 역사의 주제를 이해하기 위해
역사를 크게 세 가지로 나누어 볼 거예요.

첫 갈래는 *사람과 관련된 질문*이에요.

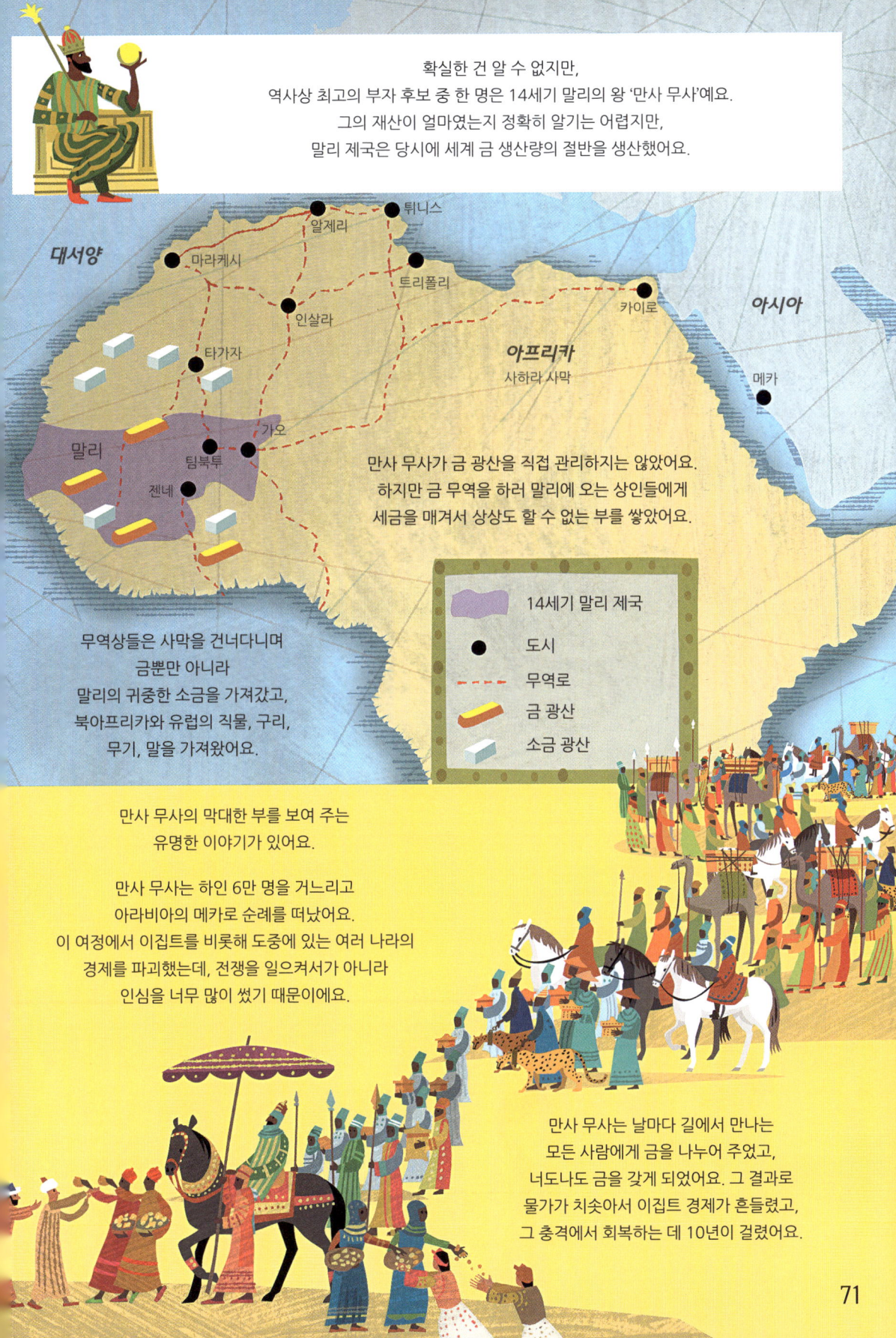

확실한 건 알 수 없지만,
역사상 최고의 부자 후보 중 한 명은 14세기 말리의 왕 '만사 무사'예요.
그의 재산이 얼마였는지 정확히 알기는 어렵지만,
말리 제국은 당시에 세계 금 생산량의 절반을 생산했어요.

만사 무사가 금 광산을 직접 관리하지는 않았어요.
하지만 금 무역을 하러 말리에 오는 상인들에게
세금을 매겨서 상상도 할 수 없는 부를 쌓았어요.

무역상들은 사막을 건너다니며
금뿐만 아니라
말리의 귀중한 소금을 가져갔고,
북아프리카와 유럽의 직물, 구리,
무기, 말을 가져왔어요.

14세기 말리 제국
도시
무역로
금 광산
소금 광산

만사 무사의 막대한 부를 보여 주는
유명한 이야기가 있어요.

만사 무사는 하인 6만 명을 거느리고
아라비아의 메카로 순례를 떠났어요.
이 여정에서 이집트를 비롯해 도중에 있는 여러 나라의
경제를 파괴했는데, 전쟁을 일으켜서가 아니라
인심을 너무 많이 썼기 때문이에요.

만사 무사는 날마다 길에서 만나는
모든 사람에게 금을 나누어 주었고,
너도나도 금을 갖게 되었어요. 그 결과로
물가가 치솟아서 이집트 경제가 흔들렸고,
그 충격에서 회복하는 데 10년이 걸렸어요.

# 무엇이 위대한 인생인가?

위대한 인생 이야기는 옛날부터 역사 이야기를 들려주는 방식으로 전해져 왔어요. 이런 이야기는 개인의 경험에 집중해서 복잡한 과거 역사에 인간적인 느낌을 더해 주지요.

한 사람의 일생을 적은 기록을 '전기'라고 해요. 지금까지 전기는 주로 유명한 사람의 인생을 담았어요.

나는 12세기 유럽에서 가장 막강한 여자 중 한 명이었어. 많은 유산을 물려받고 똑똑했거든. 나는 두 번 결혼했고, 남편은 모두 왕이었어. 프랑스의 루이 7세와 잉글랜드의 헨리 2세였지.

엘레오노르 다키텐처럼요!

나는 반란을 지원하고 군대를 이끌었어. 새로운 형식인 시문학의 유행을 이끌기도 했지. 내가 낳은 여러 아이들이 왕과 왕비가 되었어. 나는 10년 동안 옥살이도 하고, 유럽의 모든 궁중 암투에 손을 뻗었어.

엘레오노르에 대한 책은 아주 많아. 엘레오노르의 모험적인 삶은 당시 정치사를 흥미진진하게 보여 주거든. 하지만 문제도 있어.

우리는 엘레오노르가 실제로 무슨 생각을 했는지 잘 몰라. 엘레오노르가 직접 쓴 편지가 거의 남아 있지 않아서 역사가들은 다른 사람들이 쓴 글에 의존해서 해석하는 수밖에 없어.

그래도 엘레오노르의 인생이 어땠는지는 알 수 있잖아! 그 시절 평범한 사람들에 대한 기록은 아무것도 없어. 평범한 사람들 전기는 쓰면 안 돼? 유명한 사람들 인생만 중요해?

오늘날 어떤 역사가들은 유명하지 않은 사람들의 인생을 탐구하고 있어요.
그다지 주목받지 않아 왔던 사람들의 이야기를 발굴하면 과거를 더 잘 이해할 수 있지요.

이런 접근법의 유명한 사례로는 1976년에 카를로 긴즈부르그가 쓴 책 『치즈와 구더기』가 있어요. '메노키오'라는 이탈리아 방앗간 주인의 삶을 다룬 전기이지요.

약 500년 전에 살았던 메노키오는 세상이 생겨난 원리에 대한 생각이 남들과 다르다는 이유로 가톨릭교회에서 재판을 받았어요.

옛날에 세상은 혼돈이었어요. 흙, 공기, 물, 불이 섞여 있었지요. 거기서 큰 덩어리가 만들어졌습니다. 우유에서 치즈가 만들어지는 것처럼요. 그 안에서 구더기가 생겼고 그게 바로 천사입니다.

메노키오가 생각을 바꾸지 않자, 교회는 메노키오를 처형해 버렸어요. 당시 교회의 가르침과 다른 생각을 하는 사람들은 대개 그런 벌을 받았어요.

그런데 유명하지도 않은 한 사람의 비극적인 인생을 왜 탐구할까요?
긴즈부르그는 메노키오를 보면, 이탈리아 르네상스 시대에 유명 사상가나 예술가들만이 아니라 평범한 사람들도 새로운 사상을 품기 시작했음을 알 수 있다고 주장해요.
특히 메노키오처럼 호기심이 많은 사람들, 그리고 처음으로 책을 접한 사람들이 그랬을 거라고요.

긴즈부르그는 이런 연구를 **미시사**라고 불러. 미시사는 한 가족, 한 사건, 심지어 한 사람 같은 작은 단위에 집중하지.

이런 작은 이야기가 사회에 대해 많은 것을 이야기해 줄 수도 있어.

# 누가 권력을 가졌는가?

**정치사**는 오랫동안 주로 지위 높은 남자들의 결정에 관해 이야기했어요. 하지만 그 주제에 다른 방법으로 접근할 수도 있어요. 역사가는 사회에서 권력이 사용되는 방식에 대해 여러 가지 질문을 할 수 있는데, 고대 로마를 배경으로 하는 몇 가지 예를 살펴보세요.

정부, 종교 기관 같은 **조직**이 돌아가는 방식을 연구하면 사람들이 어떻게 질서를 유지했는지 알 수 있어요.

- 통치자들은 어떻게 결정을 내리고 집행했지?
- 권력은 어떻게 나누고 균형을 잡았지?
- 법은 세월 속에서 어떻게 변했지? 누가 이득을 보았을까?

> 나의 막강한 군대를 보아라!

**지도자**의 행위와 선택을 연구하면 개인이 역사에 큰 영향을 미친다는 걸 알 수 있어요.

- 지도자들은 어떻게 권력을 얻었지?
- 누구를 찬양하고 누구를 싫어했지?
- 위기에 어떻게 대응했지?

> 난 저 사람이 싫어.

# 보이지 않는 사람들

**여성사**는 여성에 대해 질문해요.
그런데 왜 여자들에게 집중하는 역사가 필요할까요?

옛날에는 대부분의 사회를 남자들이 지배했어. 그래서 역사가들은 여자들의 일을 궁금해하지 않았어. 여자는 투명 인간이나 마찬가지였지.

여자들의 인생에 관한 기록도 거의 남아 있지 않아.

예를 들어 영국의 산업 혁명을 연구하는 역사가들은 관습적으로 영향력 있는 남성 산업가들과 발명가들에 관해 연구했어요.

그렇게 적은 수의 남자들이 어떻게 전 세계를 그 정도로 크게 변화시켰나요?

놀라운 혁신가들이었거든요. 덕분에 영국의 생활 수준이 확 올라갔지요.

**제임스 와트**
와트 증기기관의 발명가이자 공장 소유주

**리처드 아크라이트**
발명가이자 공장 시스템의 선구자

1980년대부터 시대에 앞선 역사가들 중에서도 주로 여성 역사가들이, 여성의 역할에 관한 연구를 시작했어요.

산업 혁명에서 여자들은 어떤 역할을 했을까? 여성들이 없었다면 산업 혁명은 어떻게 됐을까?

가정부

산업 혁명 시기 여성의 역할을 살펴보면, 그 당시 사회에서 여성의 지위는 어느 정도였지?

직조공
엄마
교사

광부
농부
요리사
아내

오늘날에는 많은 역사가가 여성이 중심인물로서 세상을 움직이는 이야기를 쓰고 있어요.
실제로 그런 일들이 있어 왔기 때문이지요.

여성이 핵심 역할을 하는 이야기는 단순히 여자들의 삶을 회복하는 것에 그치지 않아요.
과거 전체를 새롭게 이해하는 일이기도 해요. 소수의 남자만으로 만들어진 이야기에서
가치를 인정받지 못했던 많은 여성의 이야기로 바꿔 살펴보는 것이지요.

# 참혹한 차별

1867년부터 미국의 몇몇 도시에서는 '볼썽사나운 거지 규제법', 일명 '어글리 법'을 도입했어요. '어글리 법'은 놀랍게도 1974년에야 폐지되었어요. 아래는 1881년에 이 법을 시행한 시카고의 사례예요.

> 질병, 장애, 신체 훼손, 기형으로 인해 눈에 거슬리거나 거부감을 일으키고 도로나 공공장소에 출입하기 부적절한 자가 사람들 앞에 모습을 드러내면, 위반 행위 한 건당 1달러 이상 50달러 이하의 벌금형에 처한다.

이게 무슨 뜻이었을까요? 눈에 보이는 장애가 있는 사람이 공공장소에 가는 것을 범죄로 정한 거예요. 어떻게 이처럼 끔찍한 법이 생겨났을까요? **장애의 역사**를 연구하는 역사가들은 이 질문에 대한 대답을 찾았어요.

1800년대에 미국 사회는 빠른 속도로 산업화를 이루었어요. 그만큼 많은 사람들이 큰 공장에서 일하게 됐지요. 공장에는 위험한 기계가 가득했지만, 보호 장비가 거의 없었어요. 그래서 많은 사람들이 일을 하다 큰 사고를 당하곤 했어요.

더이상 일을 할 수가 없어.

미국의 남북 전쟁은 '어글리 법'이 곳곳에 생겨나기 불과 몇 년 전인 1865년에 끝났어요. 전쟁 때문에 많은 군인들이 심각한 부상을 당하고 장애를 얻었지요.

이 시절에 장애 때문에 일을 할 수 없게 된 많은 사람들은
사회의 지원을 거의 받지 못했어요.
거리에 나와 구걸을 하는 것 말고는
살아갈 방법이 없었지요.

도시 인구가 폭발하면서 여기저기에 지저분한 동네가 생겨나자
'아름다운 도시 만들기'라는 운동이 일었어요. 이 운동을 지지하는 부자들은
도시의 외관이 아름다워야 한다고 생각했어요. 그러다 도시 주민들도 아름다워야 한다는
편협하고 잘못된 생각으로 번져서 '어글리 법'이 나타난 거예요.

이 이야기에서 무엇을 알 수 있나요?
왜 장애인들이 이런 취급을 받은 거예요?

'어글리 법'은 권력자들이
자신들보다 약한 사람들을 통제하고 감추려고 한
슬픈 사례 중 하나야.

사회에서 무시와 차별을 받는 집단의 삶을 연구할 때는
그 집단이 왜 나쁜 대우를 받았는지 생각해 보는 것도 좋은 방법이에요.
여성, 성소수자, 노동자, 유색 인종의 역사 모두 마찬가지예요.

150년 전, 영국 빅토리아 시대에는….

부두까지 어떻게 가? 나는 여기 처음이라서 잘 몰라.

나도 마찬가지야! 가족과 함께 여행 중이야. 철도가 새로 개통되어서 도시 사람들이 빠르게 싼 가격으로 바닷가로 다닐 수 있게 됐거든.

우리는 바다가 좋아! 같이 생선튀김을 먹으러 가자! 그다음에 부두로 가는 거야.

이 연구는 정말 재미있네요. 그런데 왜 이런 놀이를 연구하나요? 역사란 중대한 결정이나 큰 사건의 의미를 찾는 거 아니에요?

아니, 역사는 과거를 이해하는 거야. 그러기 위해서는 중대한 결정뿐 아니라 평범한 사람들이 생활했던 방식도 알아야지.

그럼 과거가 정말로 어떤 모습이었는지 알아내려면 과거의 모든 영역을 탐구해야 해요?

그럼! 오늘날에도 전쟁이 일어나고 중대한 정치적 결정이 내려지지만, 수많은 평범한 사람들은 놀이, 이야기, 음악, 미술을 즐기잖아. 과거에도 다르지 않았어.

미래 사람들도 우리가 살았던 시대를 연구할 때 전쟁이나 정치적 논쟁만이 아니라, 저처럼 평범한 사람들이 뭘 했는지 생각해 보면 좋을 것 같아요.

맞아! 우리가 하는 놀이가 미래의 역사가들에게 우리 시대에 대해 많은 걸 알려 줄 거야. 예를 들어 내가 어렸을 때는 이 외계인 침공 게임이 인기였어. 왜 그랬나 몰라?

81

# 제5장
# 장소의 역사

이제부터는 장소와 관련된 질문들을 살펴볼 거예요.

장소는 역사에서 중요한 역할을 해요.
그래서 어떤 장소를 연구할지 선택하는 건 쉬운 일이 아니에요.
역사 연구는 한 민족이나 한 도시를 살펴볼 수도 있고,
작게는 한 집을 살펴볼 수도 있어요. 또는 한 가지 일이
많은 장소에서 어떻게 일어났는지를 비교할 수도 있고,
장소에서 장소로 사람과 사상이 이동하는 것을 연구할 수도 있어요.

늘 그렇듯이, 각 접근법은 장단점이 있어요.

# 민족이란 무엇인가요?

민족이란 똑같은 정체성을 공유한다고 여겨지는 사람들의 큰 집단이에요.
민족이 하나의 정부를 이루고 일정한 국경 안에 살면 그곳을 **민족 국가**라고 해요.

민족 국가가 처음부터 있었다고 생각하기 쉽지만, 실제로는 대체로
17세기부터 나타나기 시작했어요. 그 훨씬 전부터 있던 나라도 있지만,
그때도 통일된 민족을 다스리는 하나의 정부는 없었어요.

프랑스는 1700년대 말에
민족 국가가 되었어요.
그 전에 프랑스 사람들은
다양한 지역 언어를 사용했고,
극히 일부만이 우리가 아는
오늘날의 프랑스어를 사용했어요.

그 시절 프랑스는 왕이 다스렸어요.
원칙적으로는 왕이 나라 전체를
다스린다고 했지만 실제로는
지역마다 법과 관습이 크게 달랐고,
각 지역은 강력한 귀족이 지배했어요.

이것은 1477년의 프랑스 지도로,
왕은 하늘색으로 표시된 부분만을 지배했어요.
다른 지역은 귀족들이 다스렸지요.

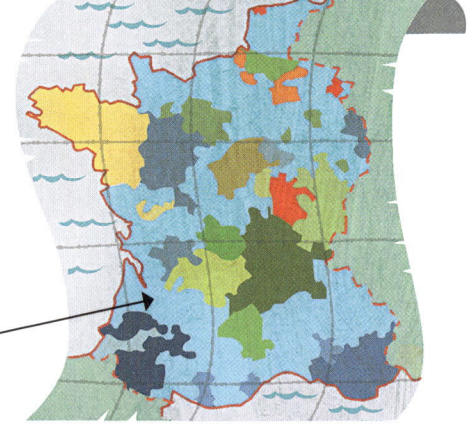

## 민족은 '역사'가 필요해요

그러면 언어도 다르고 법과 통치자도 각기 다른 사람들이
어떻게 통일된 민족 국가가 될 수 있었을까요?
믿기 힘들겠지만, 여기에는 역사가들이 한 역할을 했어요.

1800년대에 많은 나라가 민족의 역사를 썼어요. 당시 역사를 쓴 사람들은
민족의 역사가 얼마나 길고 훌륭한지에 집중했고, 때로는 사실이 아닌 이야기도 썼어요.
다음의 두 가지 실제 사례를 살펴보세요.

"유럽 문명의 심장부는 옛 독일인의
충성심, 용기, 커다란 열정을 향한
힘에서 찾을 수 있다.
다른 곳은 돌과 모래였고
독일만이 비옥한 땅이었다."

하인리히 폰 트라이치케,
『19세기 독일사』, 1879년

"영국은 계속해서 발전했다….
지금은 18세기보다 훨씬 더 위대하다.
18세기는 17세기보다 위대했고
17세기는 16세기보다 위대했다."

존 실리,
『잉글랜드의 확장』, 1883년

# 민족의 한계

지도 위에 보이는 국경은 산이나 호수, 강과 같이 자연스럽게 생겨난 것처럼 보일 수도 있어요. 하지만 국경은 사람들이 직접 지도에 그린 선이에요. 국경은 전쟁, 정복, 왕실 간의 결혼으로도 생겨나고, 국경을 정하는 일을 했던 사람이 선을 죽 그어서 만들어진 경우도 있어요.

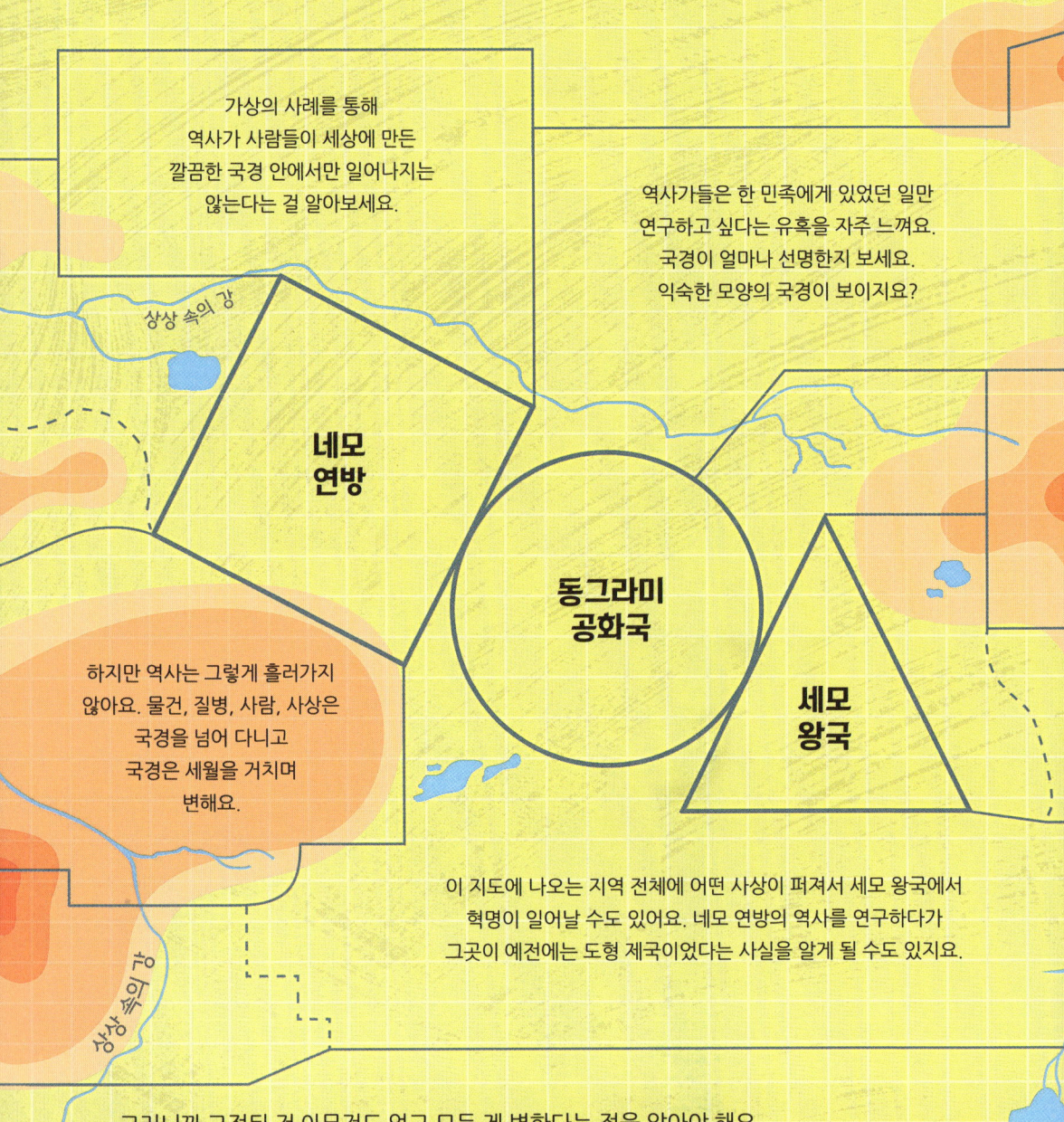

가상의 사례를 통해 역사가 사람들이 세상에 만든 깔끔한 국경 안에서만 일어나지는 않는다는 걸 알아보세요.

역사가들은 한 민족에게 있었던 일만 연구하고 싶다는 유혹을 자주 느껴요. 국경이 얼마나 선명한지 보세요. 익숙한 모양의 국경이 보이지요?

상상 속의 강

네모 연방

동그라미 공화국

세모 왕국

하지만 역사는 그렇게 흘러가지 않아요. 물건, 질병, 사람, 사상은 국경을 넘어 다니고 국경은 세월을 거치며 변해요.

이 지도에 나오는 지역 전체에 어떤 사상이 퍼져서 세모 왕국에서 혁명이 일어날 수도 있어요. 네모 연방의 역사를 연구하다가 그곳이 예전에는 도형 제국이었다는 사실을 알게 될 수도 있지요.

그러니까 고정된 건 아무것도 없고 모든 게 변한다는 점을 알아야 해요. 영웅적인 민족이 세계 역사의 주인공이 된다는 이야기는 위험해요. 지금은 민족과 나라 간의 경계가 분명해 보이지만, 영원히 지속된다는 보장은 없어요.

# 역사는 '민족'이 필요해요

이런 문제들이 있는데도 역사가들은 여전히 다른 것들보다
민족에 대한 글을 많이 써요. 왜 그럴까요?

이런 여러 가지 이유로 민족 연구는 역사가들에게 가장 편리한 방법이에요.
그리고 민족에 집중해서 좋은 점도 있어요. 역사는 아주 복잡해서
한 장소에 초점을 맞추는 것이 이해하기 더 쉽기도 하거든요.

# 민족을 넘어

**초민족사**라는 접근법은 어떤 사건이 여러 나라에 걸쳐 전개되는 모습을 살펴보고 **비교**해요. 국제적 사건을 연구할 때 좋은 방법이지요.

지난 500년 동안 아시아와 아프리카의 많은 나라가 유럽 국가들의 **식민지**가 되었어요. 식민지 국가들이 20세기에 차츰 독립을 이룬 과정을 **탈식민지화**라고 해요. 탈식민지화를 연구하려면 여러 나라에서 식민지를 벗어나는 과정을 살펴보아야 해요.

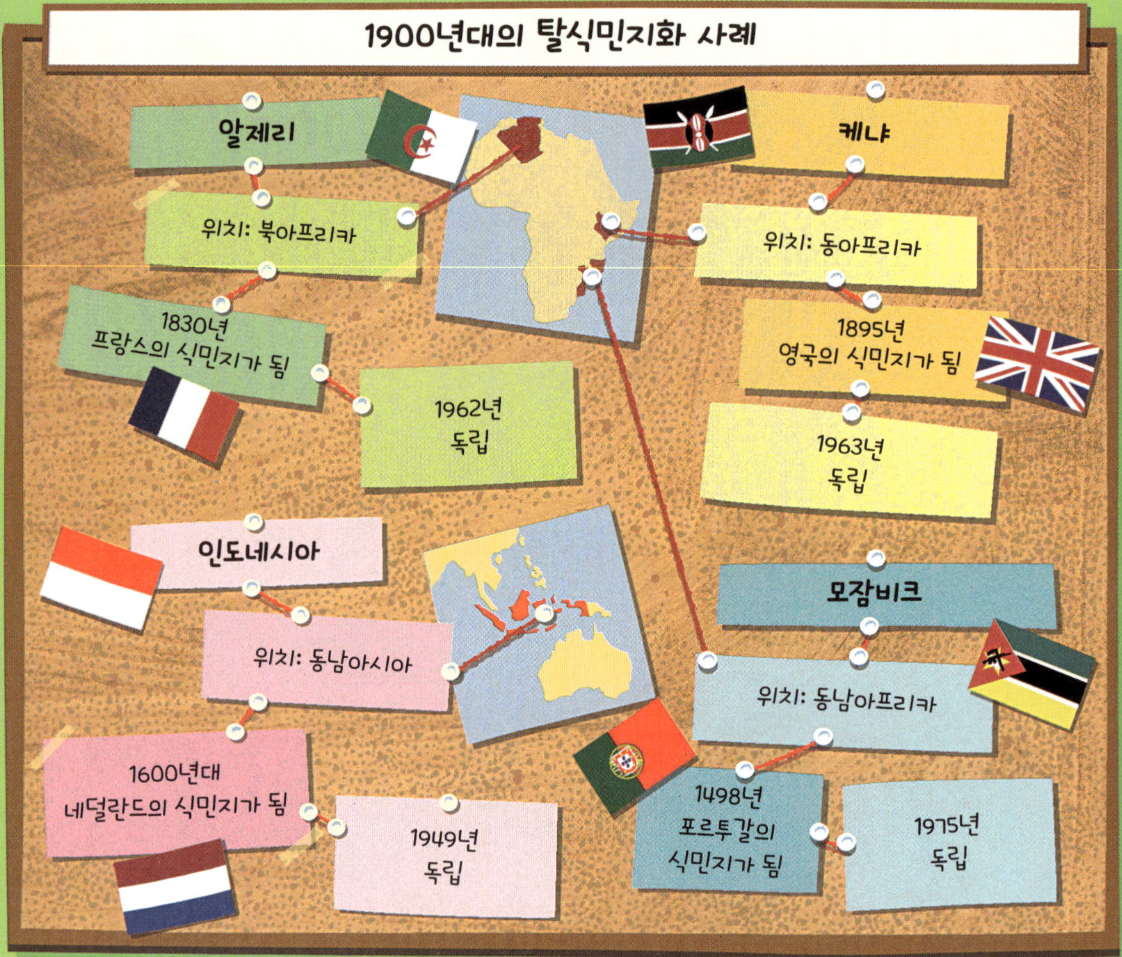

## 1900년대의 탈식민지화 사례

**알제리**
- 위치: 북아프리카
- 1830년 프랑스의 식민지가 됨
- 1962년 독립

**케냐**
- 위치: 동아프리카
- 1895년 영국의 식민지가 됨
- 1963년 독립

**인도네시아**
- 위치: 동남아시아
- 1600년대 네덜란드의 식민지가 됨
- 1949년 독립

**모잠비크**
- 위치: 동남아프리카
- 1498년 포르투갈의 식민지가 됨
- 1975년 독립

흥미로운걸. 이 모든 국가들이 같은 방식으로 독립을 이루었을까?

그리고 모잠비크는 왜 다른 국가들에 비해 훨씬 늦게 독립한 거지?

역사가들은 여러 장소를 보면서 비슷한 사건이 전개된 과정을 비교하고 대조해요.

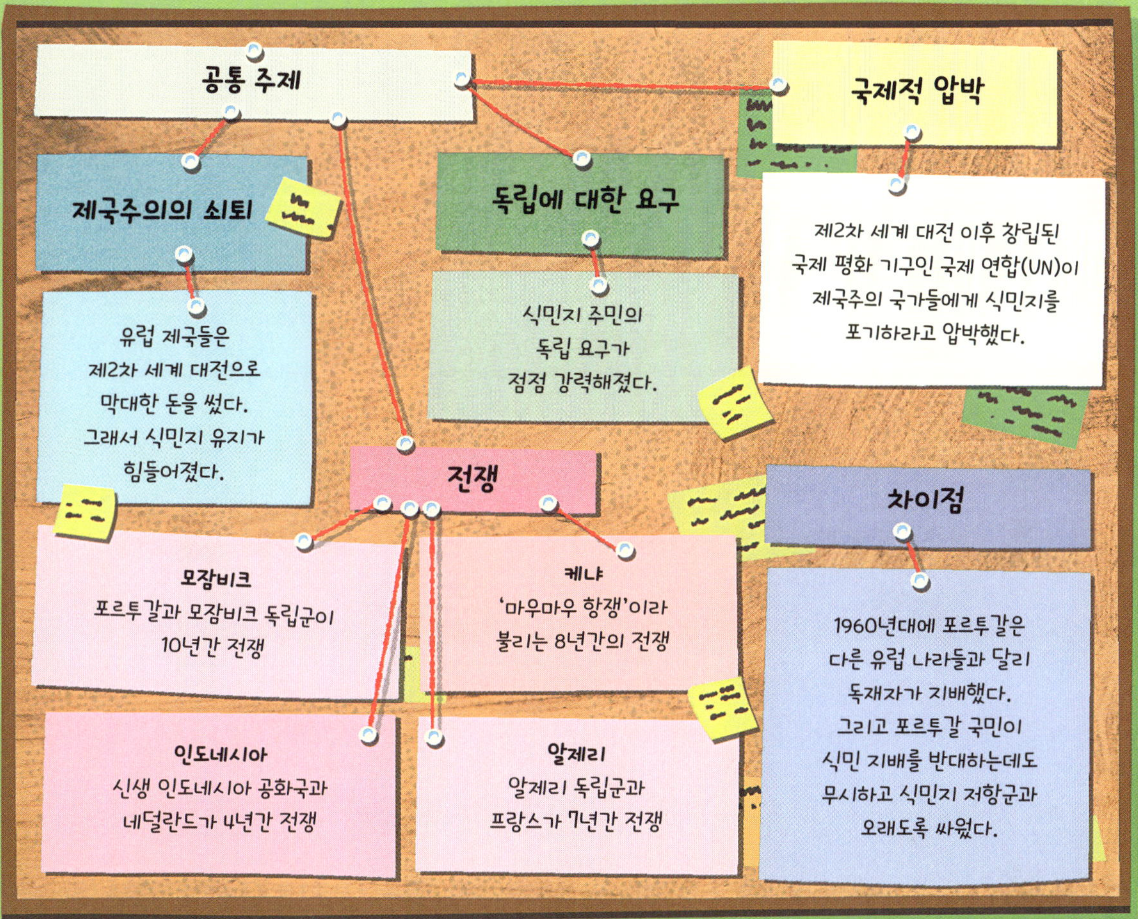

## 공통 주제

### 제국주의의 쇠퇴
유럽 제국들은 제2차 세계 대전으로 막대한 돈을 썼다. 그래서 식민지 유지가 힘들어졌다.

### 독립에 대한 요구
식민지 주민의 독립 요구가 점점 강력해졌다.

### 국제적 압박
제2차 세계 대전 이후 창립된 국제 평화 기구인 국제 연합(UN)이 제국주의 국가들에게 식민지를 포기하라고 압박했다.

### 전쟁

**모잠비크**
포르투갈과 모잠비크 독립군이 10년간 전쟁

**케냐**
'마우마우 항쟁'이라 불리는 8년간의 전쟁

**인도네시아**
신생 인도네시아 공화국과 네덜란드가 4년간 전쟁

**알제리**
알제리 독립군과 프랑스가 7년간 전쟁

### 차이점
1960년대에 포르투갈은 다른 유럽 나라들과 달리 독재자가 지배했다. 그리고 포르투갈 국민이 식민 지배를 반대하는데도 무시하고 식민지 저항군과 오래도록 싸웠다.

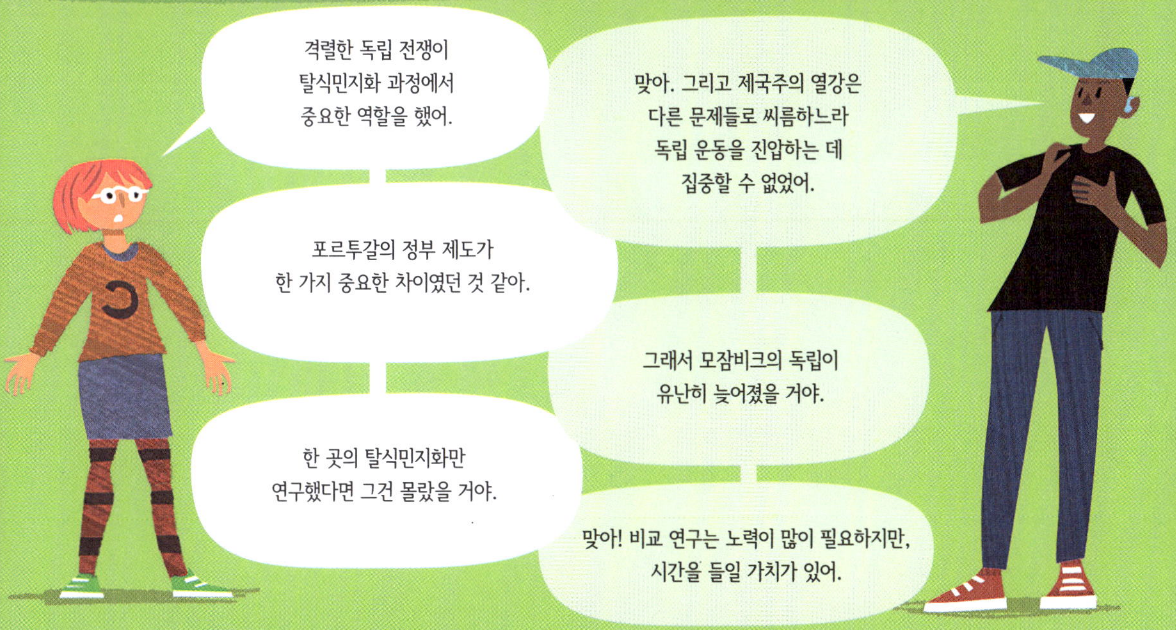

---

— 격렬한 독립 전쟁이 탈식민지화 과정에서 중요한 역할을 했어.

— 맞아. 그리고 제국주의 열강은 다른 문제들로 씨름하느라 독립 운동을 진압하는 데 집중할 수 없었어.

— 포르투갈의 정부 제도가 한 가지 중요한 차이였던 것 같아.

— 그래서 모잠비크의 독립이 유난히 늦어졌을 거야.

— 한 곳의 탈식민지화만 연구했다면 그건 몰랐을 거야.

— 맞아! 비교 연구는 노력이 많이 필요하지만, 시간을 들일 가치가 있어.

# 장소가 말해 주는 것

우리 주변의 세계에는 어떤 이야기들이 쓰여 있을까요?
**역사 지리학**은 사람과 환경이 세월 속에서 서로를 변화시키는 과정을 연구해요.

'실크 로드'는 중국과 중앙아시아, 인도, 유럽을 연결하는 고대 무역로예요.
이 길은 2,000년 전 무렵에 처음 생겨났어요.

유럽에서 이 길을 실크 로드라고 부른 건
무역상들이 이 길을 통해
영어로 '실크'인 중국의 '비단'을
서양으로 들여왔기 때문이야.

실크 로드는 역사상 처음으로
여러 문화권을 연결한 길이야.
사람들은 이 길로 물건뿐 아니라
사상, 기술, 종교까지 교류했지.

나는 인도에서
중국으로
불교를 들여왔어.

나는 중국의 화약 제조법을
몽골에 팔았어.

실크 로드를 연구하는 역사가들은 단순하고 현실적인 질문을 해요.
여기서는 무엇을 농사 지었을까? 물은 어떻게 사용했을까?
실크 로드에서 특히 인기가 많던 길은 이유가 무엇이었을까?

실크 로드 주변의 중심 거래지들은 도시로 발전했어요. 우즈베키스탄의 '사마르칸트'가 그중 하나이지요.

사람들은 다리를 놓았고 산을 통과하는 길을 찾았어요.

정교한 운하를 만들어서 물을 공급했어.

이 사막의 오아시스는 점점 발전해서 도시가 되었어.

새로운 농사 기술과 농작물이 무역상들을 따라 퍼져서 농부들이 키우는 작물과 농경지를 변화시켰어요.

역사 지리학은 옛날 사람들이 환경에 대해 어떻게 생각했고, 환경이 사람들의 삶과 선택에 어떤 영향을 미쳤는지도 연구해요. 옛날 사람들은 주변 세계의 가치를 어떻게 평가했고, 어떻게 표현했는지 질문하는 거예요.

중국 동부의 둔황에는 수백 개의 석굴로 이루어진 불교 사원이 있어요. 예술 작품이 가득한 곳이지요.

석굴 사원의 미술 작품은 인도, 페르시아와 중국 동부의 미술 양식이 섞여 있어요. 실크 로드가 없었다면 생겨나지 않았을 모습이지요.

네가 사는 지역의 환경은 너한테 어떤 의미야?

너한테 어떤 영향을 미쳤을까?

글쎄요….

# 자연의 힘

미국의 대평원은 1930년대에 거대한 먼지 폭풍에 뒤덮였어요. **생태사**는 사람과 복잡한 자연환경의 상호 작용을 연구해서 왜 이런 재난이 발생했는지 조사해요.

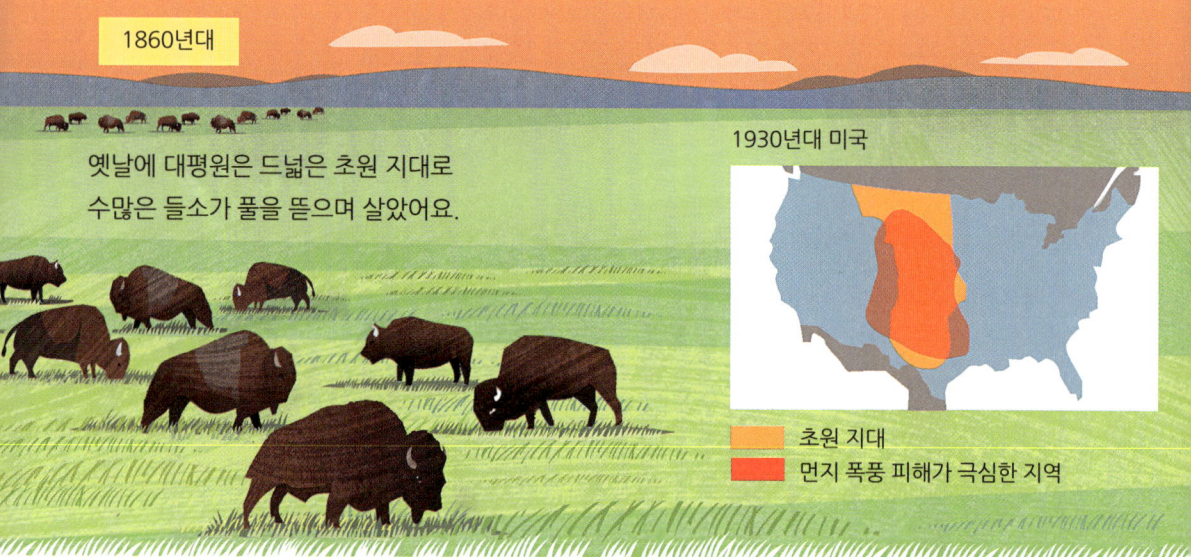

1860년대

옛날에 대평원은 드넓은 초원 지대로 수많은 들소가 풀을 뜯으며 살았어요.

1930년대 미국

초원 지대
먼지 폭풍 피해가 극심한 지역

19세기에 미국 정부는 농민들에게 대평원으로 가서 초원 지대를 농지로 바꾸라고 권했어요. 대평원에 자리 잡은 농민들은 들소들을 거의 다 죽이고 풀을 싹 뽑았어요. 그러고는 밀이나 옥수수 같은 작물을 심었지요.

1890년

1890년이 되자 이 지역에서 자라는 풀과 나무가 완전히 바뀌었어요. 예전에는 드넓게 얽힌 풀뿌리들이 흙을 고정하고, 비가 적게 올 때도 촉촉하게 유지시켜 주었어요. 하지만 새로운 작물들은 그렇지 않았어요.

그 후로도 농민들은 계속 대평원으로 왔어요. 그리고 현대적 농법으로 더 넓은 땅을 농지로 만들고, 작물을 더 많이 심으려고 흙을 마구 뒤집었어요. 그런데 이런 방식이 좋기만 한 일은 아니었어요.

1921년

그래도 처음에는 비가 계속 많이 와서 문제가 눈에 띄지 않았어요. 그러다 1930년대에 심한 가뭄이 닥쳤어요.

비가 내리지 않자, 농작물이 제대로 자라지 않았어요. 흙은 바짝 말랐어요. 마른 흙은 땅에 고정해 줄 풀뿌리가 없어 바람에 휩쓸렸고, 먼지 폭풍을 일으켰어요. 수백만 명이 집을 버리고 떠나야 했지요.

1934년

사람들은 자신들이 자연을 지배하고, 현대 기술이 자연을 지배할 수 있다고 생각했을지 몰라. 하지만 그건 잘못된 생각이야. 역사학은 이렇게 사람뿐 아니라 우리가 사는 세계도 함께 살펴봐.

# 제6장
# 이유의 역사

많은 역사가가 사람들이 *무엇을 했는지*에 집중해요.
하지만 그 사람들이 어떤 *사상*을 가지고
*왜* 그런 일을 했는지도 생각해 볼 수 있어요.

옛날 사람들은 어떤 *생각*을 했을까요?
또 어떤 *감정*을 느꼈는지 알 수 있을까요? 옛날 사람들의
사상은 오늘날 우리의 삶에 어떤 영향을 미쳤나요?
그리고 우리가 서로를 바라보는 방식은
역사관에 어떤 영향을 미칠까요?

# 다른 사람들에 대한 생각

사람들이 바깥세상에 대해 품는 생각은 때로 아주 강력한 힘을 발휘해요.
그 사례로 18세기와 19세기에 유럽의 많은 학자가
아시아와 중동을 연구했던 모습을 살펴보아요.

유럽의 동쪽인 아시아와 중동 지역에 대한 탐구를 **오리엔탈리즘**이라고 해요.
'오리엔트(Orient)'라는 말은 라틴어로 '동쪽'이라는 뜻이거든요. 오리엔탈리즘은
유럽의 많은 예술가와 작가가 아시아와 중동의 삶을 표현하는 방식과 연관이 있어요.

오리엔탈리즘 화가들의 그림은 유럽인들이 아시아와 중동을 바라보는 시각에
큰 영향을 미쳤고, 나아가 유럽 자신을 바라보는 시각에도 영향을 미쳤어요.

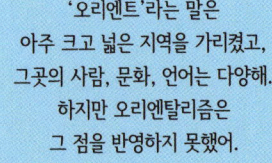

팔레스타인계 미국인 학자 에드워드 W. 사이드가 1978년에 『오리엔탈리즘』이라는 획기적인 책을 썼어요. 사이드는 이 책에서 오리엔탈리즘이 서양인들에게 자신들이 우월하다는 생각을 안겨 주어서 식민주의를 부추겼다고 주장했어요.

에드워드 W. 사이드

모든 제국은 자신들이 다른 제국들과 다르며, 자신들의 목표는 약탈과 지배가 아니라 교육과 해방이라고 주장한다. 그리고 스스로도 그렇게 생각한다.

『오리엔탈리즘』, 1978년

이렇게 세상을 '우리'와 '그들'로 나누고, 한 집단이 다른 집단은 자신들과 근본적으로 다르다고 생각하면, 다른 집단의 가치 기준을 거부하게 돼요. 이를 **타자화**라고 해요. 타자화는 사람들에게 큰 영향을 미쳤어요.

미국이 9·11 테러로 공격받은 후, 미국 정치인들은 '악의 축'이라는 말을 썼어요. '동양'에 있는 이란, 이라크, 북한 세 나라를 '서양'의 적으로 규정한 표현이지요. 이 세 나라는 공통점이 별로 없지만, 미국 정치인들은 이들을 한데 묶어 타자화함으로써 자국 국민에게 외국에서 전쟁을 벌이는 일이 정당하다고 주장했어요.

'타자화'와 위험한 '단순화'를 막으려면 역사가들은 어떻게 해야 하지?

우리가 연구하는 사람들이 스스로를 어떻게 생각하는지 알아내야 해.

그래. 세상을 나누지 말고 대화해야 해. 대화가 가장 중요해. 대화를 더 많이 나눠야 서로를 잘 이해할 수 있어.

# 감정에 대한 생각

옛날 사람들의 행동뿐 아니라 무엇을 느꼈는지까지 안다면 역사를 훨씬 더 정확하게 알 수 있을 거예요. 하지만 옛날 사람들의 감정을 어떻게 알 수 있을까요? 아래에서 감정을 연구할 때 알아 두어야 하는 것을 살펴보세요.

## 감정은 최근의 표현

영국의 옛사람들은 오늘날처럼 **감정**이라는 말을 많이 사용하지 않았어요.
영어로 감정을 뜻하는 '이모션(emotion)'이라는 단어는 19세기부터 쓰기 시작했지요.
그전에는 감정이 열정, 애정, 감성 등의 영어 단어로 묘사되곤 했어요.

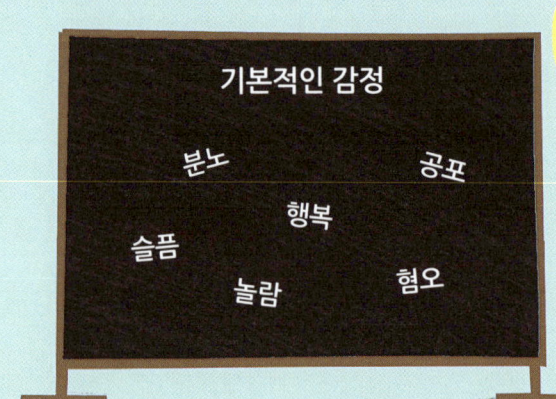

## 의미의 변화

특정한 감정을 표현하는 단어가 과거에는 전혀 다른 감정을 뜻했을 수도 있어요.
영어 단어 **노스탤지어**(nostalgia)가 그 사례이지요.

오늘날 '노스탤지어'는 행복했던 순간을 떠올리며 따뜻함을 느끼고, 그리워하는 감정을 뜻해요.

'노스탤지어'라는 단어가 처음으로 쓰였던 1600년대에는 고향이 너무나 그리워 죽을 것만 같은 괴로움을 뜻했어요.

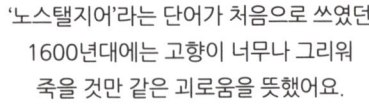

# 다른 반응

조상들이 특정 감정에 지금 우리와 똑같은 방식으로 반응했을 거라고 생각하면 안 돼요.
감정의 하나인 **스트레스**의 예를 보세요!

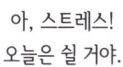
아, 스트레스!
오늘은 쉴 거야.

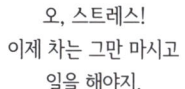
오, 스트레스!
이제 차는 그만 마시고
일을 해야지.

오늘날 '스트레스'는 대체로 부정적으로 여겨져요.
사람들은 스트레스를 느끼면
쉬어야 한다고 생각하지요.

1700년대 말에 유럽 상류층에서
'스트레스'는 긍정적인 의미였어요.
게으름과 사치를 막아 준다고 여겨졌지요.

# 감정 표현 방식

역사가 이어지는 내내 사람들은 다양한 방식으로 감정을 표현했어요.

1300년대에 서유럽은 '흑사병'이라는 전염병에
휩쓸려서 수천만 명이 사망했어요.
사람들은 흑사병이 신이 내리는 벌이라고
생각했어요. 그래서 스스로 등을 채찍질하며
죄를 뉘우치려고 했어요.

아야! 내 죄로 인해
세상에 흑사병이 돌고 있어.
내가 뉘우치고 있다는 걸
보여야 해!

오늘날 우리는 '이모지'를 써서
간단하게 감정을 표현해요.

우리가 조그만 얼굴 그림으로
감정을 표현하는 걸 보고
미래의 역사가들은
어떻게 생각할까?

# 전쟁은 왜 일어나요?

사람들은 늘 전쟁이 일어나는 원인을 궁금해하고 연구해요.
이를 **군사사**라고 하며, 과거를 바라보는 가장 오래된 방법 중의 하나예요.

2,500년 전 고대 그리스 역사가 투키디데스는 그가 살았던 도시 국가 아테네와
이웃 도시 국가 스파르타 사이에 벌어진 전쟁의 역사를 썼어요. 이 전쟁은 아테네가 졌지요.
투키디데스는 이 두 나라가 전쟁을 한 이유는 크게 세 가지라고 썼어요.

### 공포
국가는 이대로 가만히 있으면
적국이 더 강해질 거라는
두려움 때문에 전쟁을 벌여요.

### 평판
국가는 약해 보이고 싶지 않아요.
그래서 사소한 분쟁이
큰 전쟁으로 이어지기도 해요.

### 야망
부와 권력을 더 많이 원하는 국가는
전쟁은 위험하지만, 승리할 수만
있다면 영토를 넓히고
권력도 키울 수 있다고 계산해요.

- 투키디데스는 아테네와 스파르타의 전쟁은 두 나라가 싸우는 것 말고는 다른 방법이 없어서 일어났다고 해.
- 투키디데스는 전쟁의 좋고 나쁨에 대해서는 별로 관심이 없어.
- 그냥 전쟁을 두 도시 국가 관계의 자연스러운 결과로 보는 것 같아.

중국 철학자 묵자가 살았던 5세기도 '전국 시대'라는 혼란스러운 시대였어요.
'전국'이라는 말은 '싸우는 나라들'이라는 뜻이지요.

200년 동안 수많은 군대가
수백 개의 나라를 돌아다니며
포위하고 습격해
전쟁을 일으켰어요.

기록에 따르면, 묵자도 떠돌면서
여러 왕을 만나 전쟁을 멈출 것을 권했어요.
묵자는 모두가 서로 똑같이 배려해야 한다며
전쟁을 비난했어요.

한 사람을 죽이는 것이 잘못이라면,
어떻게 수많은 사람을 죽이는 일이
올바르다는 말인가?

묵자는 사상가일 뿐 아니라
기술적 재능도 뛰어나서
방어벽과 연속으로 발사되는 화살 등의
무기도 설계했어요.

전쟁을 먼저 시작하는 것은 옳지 않지만,
공격받았을 때 방어하는 것은
도덕적으로 옳다고 생각했지요.

오늘날 세계 지도자들에게는 화살 대신 핵무기가 있어요.
하지만 문제는 똑같아요. 전쟁은 언제 하는 것이 옳은가,
그리고 어떤 방법이 올바른가? 하는 것이지요.

인류는 전쟁을 끝내야 합니다.
그러지 않으면
전쟁이 인류를 끝낼 것입니다.

존 F. 케네디가 한 말이에요.
케네디가 대통령이었던 1962년에
미국은 소련과 격렬한 갈등을 빚었고,
이 일은 핵전쟁으로 이어질 뻔했어요.

# 천국과 지옥의 역사?

**종교사**는 종교 교리*가 발전한 과정을 추적해요. 예를 들어 기독교 교리에 따르면 죄를 지은 사람은 죽으면 '지옥'이라는 곳에 가서 영원히 고통스러운 벌을 받아요. 하지만 놀랍게도 기독교를 창시한 '예수 그리스도'는 지옥에 대해 단 한마디도 하지 않았어요.

*종교적인 원리나 체계.

예수는 유대인이었어요. 그리고 유대인들의 종교 '유대교'는 불길에 휩싸인 지옥을 믿지 않았어요. 유대교에서는 사람이 죽으면 그걸로 끝이고 사후 세계는 없어요.

예수는 성경에서 지옥을 언급한 적이 없어요. 하지만 오늘날 기독교는 예수가 말했던 여러 장소를 '지옥'이라고 번역해요. 그중 땅속 깊은 곳에서 사람들에게 벌을 주는 장소는 없어요.

그러면 '지옥'이라는 기독교 교리는 어디서 생겨난 걸까요? 예수가 말한 적도 없는 이 참혹한 고문 장소는 왜 등장하게 된 걸까요?

'지옥'이라는 개념은 여러 종교에서 온 것 같아. 고대 그리스 신화에는 죽은 자들이 벌을 받는 지하 세계가 있어. '하데스'라고 하지. 그리고 중동의 종교 '조로아스터교'도 영향을 미쳤어. 조로아스터교는 신이 선한 자와 악한 자를 구분한다고 믿었거든.

그러면 초기 기독교가 당시 세상에 떠돌던 여러 생각을 흡수해서 교리로 만들었다는 말인가요?

맞아, 그뿐이 아니야. '크리스마스'를 봐. 크리스마스는 12월 25일인데 성경에 그런 날짜는 안 나와. 아마 로마의 겨울 축제에서 비롯된 것 같아.

다른 사람들과 같은 시기를 특별한 날로 만든 것은 이해할 수 있어요. 하지만 영원히 고통받는 장소를 만들어 낸 건 너무 끔찍해요.

그렇지만 교회의 힘이 세지면서 '지옥 교리'는 유용해졌어. 교회 지도자들은 사람들이 규칙을 따르기를 원했거든. 그래서 규칙을 잘 따르면 천국에 가고 안 그러면 지옥에 간다고 주장한 거야.

그러면 '지옥'이란 게 사람들을 통제하는 수단이었다는 거예요? 지금도 그런가요?

그건 각자의 믿음에 달려 있다고 봐. 지옥은 실제가 아니라 상상의 장소라서 겁낼 것 없다고 생각하는 기독교인도 많아.

역사 속에서 어떤 개념이 전혀 다른 것으로 변화하고 발전하는 모습을 살펴보면 아주 재미있어.

103

# 미래의 역사란 무엇인가요?

과거와 현재의 사람들이 미래를 어떻게 바라보는지 알면
어떤 희망과 두려움, 그리고 기대가 있었는지 알 수 있어요.
다양한 사회에서 미래를 보는 방식을 살펴보세요.

오랜 세월 동안 많은 사람들이 미래는 현재가 그대로 이어지는 거라고 여겨왔어요.
변화는 예상하지 못했지요.

'파라오'라고 불린 고대 이집트의 왕들은
안정과 균형을 유지하는 것이 주요 임무였어요.
그 임무를 잘 수행해서 이집트 사회는
수천 년 동안 거의 변함없이 유지되었지요.

4,500년 전    2,300년 전

어떤 곳에서는 역사가 계절이나 농사 패턴처럼
주기적으로 반복된다고 생각했어요.

지난날 중국 역사가들은 역사가
비슷한 패턴으로 반복된다고 생각했어요.
왕조가 생겨나서 성장한 다음에는
반드시 약해지고, 그 자리를 차지한
새로운 왕조도 똑같은 과정을
겪게 된다고 보았지요.

1700년대 이후 현대 사회는 미래가 현재보다 발전할 거라고 기대했어요.
과학 기술 덕분에 사람들의 생활 수준이 끊임없이 나아지는 것 같았기 때문이에요.

지난 250년 동안
많은 발전이 이루어져서
세상이 나아지는 것처럼 보였어요.
하지만 꼭 그렇지만은
않을 수도 있어요.

낙관적으로 바라본 미래를 **유토피아**라고 해요.

### 종교적 유토피아

어떤 기독교인들은 예수가 돌아와서 세상에 완벽과 조화를 가져올 거라고 믿어요.

### 과학적 유토피아

현대 과학 기술 유토피아주의자들은 앞으로는 초지능형 컴퓨터로 우리의 모든 문제를 해결할 수 있을 거라 상상해요.

### 정치적 유토피아

카를 마르크스는 『자본론』이라는 책에서 노동자들이 노동으로 번 돈을 공정하게 나누어 가지면 완벽한 사회가 될 거라고 생각했어요.

---

비관적으로 바라본 미래를 **디스토피아**라고 해요.

### 종교적 디스토피아

바이킹족은 '라그나뢰크'라는 종말의 날이 오면 신을 포함해 세상 모든 게 파괴될 거라고 생각했어요.

### 과학적 디스토피아

현대 과학 기술 디스토피아 주의자들은 초지능형 컴퓨터가 인간을 모두 죽일 거라고 상상해요.

### 정치적 디스토피아

조지 오웰의 소설 『1984』는 정부가 사회 전체를 완벽하게 통제하는 끔찍한 모습을 보여 주어요.

---

미래에 대한 긍정적 또는 부정적 견해는 흔히 실제 미래보다는 당시 사회의 상황을 더 많이 반영해요.

너희들은 미래 세상이 어떻게 될 것 같니?

모르겠어요! 혼란스러워요. 희망도 있긴 하겠지만….

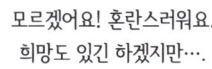

저는 희망이 없을 것 같아요!

# 제 7 장
# 일상의 역사

역사는 학문적 탐구의 대상에 그치지 않아요.
과거에 대한 학문이면서도 우리 모두의 삶에서
빼놓을 수 없는 부분이지요. 그래서 역사에 관한 토론은
우리의 생각과 느낌, 행동에 영향을 주어요.
역사가의 눈으로 세상을 바라보기 시작하면
오늘날과 주변 세계가
다르게 보일 거예요.

# 역사의 힘

우리가 학교에서 배우는 역사는 자기 자신과 우리나라에 대한 생각에 영향을 미쳐요. 그래서 교과서가 중요해요. 하지만 교과서가 모든 내용을 담을 수는 없어요. 무엇을 넣고 뺄지 선택해야 하지요.

미국의 예를 보세요.
초대 대통령 조지 워싱턴에 관해 어린이들이 학교에서 무엇을 배워야 할까요?

조지 워싱턴이 미국의 독립을 이끈 '훌륭한 장군'이었다는 사실?

아니면 백 명의 노예를 부린 '노예 소유주'였다는 사실?

둘 다 배우면 안 돼?

19세기 역사를 배울 때는
어떤 사람에 관해 배워야 할까요?

노예 출신으로
다른 노예들의 탈출을 도운
'해리엇 터브먼'?

미국의 남북 전쟁에서
노예제에 찬성하는 군인들을 이끈
'로버트 E. 리' 장군?

1990년대에 한 대학이 미국 정부의 지원을 받아 이 문제에 대한 답을 찾았어요.
그리고 학교에서 가르쳐야 할 내용을 지침으로 만들었지요.

왜 이런 일이 문제가 될까요?
그리고 정부는 왜 역사 교육에 신경 쓸까요?

학교에서 가르칠 내용을 결정하는 건 쉬운 일이 아니에요. 여러분은 어떻게 생각하나요?
우리나라에 대해서 긍정적인 이야기만 배워야 할까요?
아니면 부정적인 것들도 알아야 할까요?

# 역사로 놀기

역사는 많은 영화, 책, 컴퓨터 게임에서도 등장해요.
그런데 이렇게 재미를 위해 만든 것에서도
역사는 정확한 사실만 담아야 할까요?

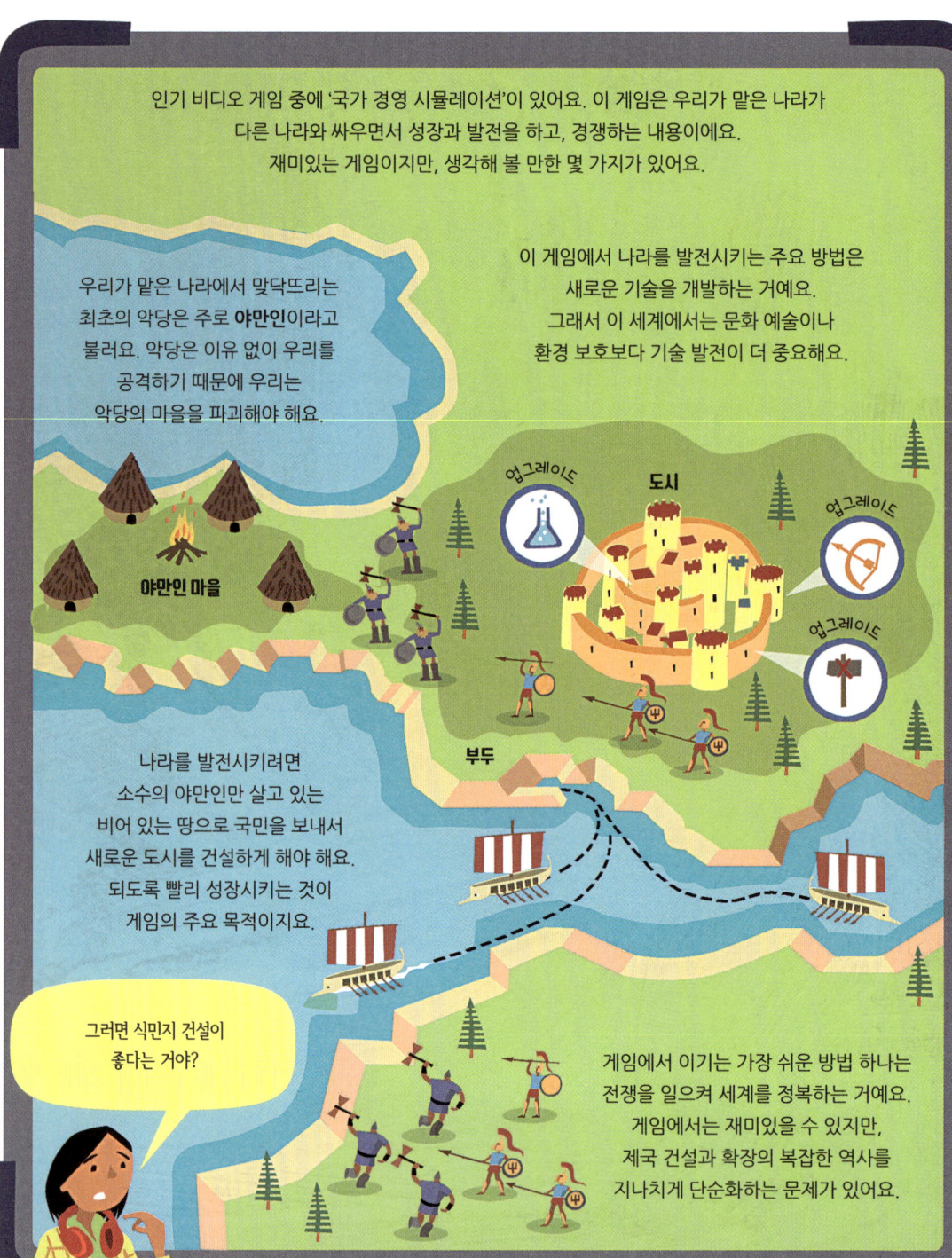

인기 비디오 게임 중에 '국가 경영 시뮬레이션'이 있어요. 이 게임은 우리가 맡은 나라가 다른 나라와 싸우면서 성장과 발전을 하고, 경쟁하는 내용이에요. 재미있는 게임이지만, 생각해 볼 만한 몇 가지가 있어요.

우리가 맡은 나라에서 맞닥뜨리는 최초의 악당은 주로 **야만인**이라고 불러요. 악당은 이유 없이 우리를 공격하기 때문에 우리는 악당의 마을을 파괴해야 해요.

이 게임에서 나라를 발전시키는 주요 방법은 새로운 기술을 개발하는 거예요. 그래서 이 세계에서는 문화 예술이나 환경 보호보다 기술 발전이 더 중요해요.

나라를 발전시키려면 소수의 야만인만 살고 있는 비어 있는 땅으로 국민을 보내서 새로운 도시를 건설하게 해야 해요. 되도록 빨리 성장시키는 것이 게임의 주요 목적이지요.

그러면 식민지 건설이 좋다는 거야?

게임에서 이기는 가장 쉬운 방법 하나는 전쟁을 일으켜 세계를 정복하는 거예요. 게임에서는 재미있을 수 있지만, 제국 건설과 확장의 복잡한 역사를 지나치게 단순화하는 문제가 있어요.

상관없어요!
난 이런 게임이 좋아요.

나도 그런 게임 많이 해.
하지만 게임이 어떤 이야기를 담고 있고,
그게 우리에게 어떤 느낌을
안겨 주는지 항상 주의해야 해.

그게 무슨 말인가요?

8세기의 바이킹 전사가
16세기의 사무라이하고 한 팀이 되는
영화가 있다고 상상해 봐.

재미있겠네요!
괜찮을 것 같아요. 하지만 그게
역사는 아닌 것 같은데….

상관없어. 역사는 복잡하지만,
영화와 게임은 단순하고 재미있어야 하지.
꼭 정확해야 하는 건 아냐!

그렇군요. 그럼 사실 확인에
주의를 기울이면 되나요?

어느 정도는. 문제가 될 때는
사람들이 꾸며 낸 이야기를
사실이라고 믿을 경우뿐이야.

에이, 설마요!
그런 일이 자주 있나요?

항상 있지! 예를 들면 '바이킹 전사'들은
실제로는 뿔 달린 투구를 쓰지 않았어.
그런데 그동안 뿔 달린 투구를 쓴
바이킹 전사 그림이 너무 많이 나와서
이제 많은 사람들이 그게 사실인 줄 알잖아.

그건 별로 큰 문제는
아닌 것 같아요.

맞아. 하지만 위험한 역사적 오류도 많았고,
그중에는 의도적인 것들도 있어. 거짓된 역사를
진실로 만들려고 계속 잘못된 정보를
전하는 사람들도 있지.

# 동상을 둘러싼 논쟁

동상도 과거에 관해 이야기해요. 동상으로 만들어진 인물들은
동상을 세울 때 사람들이 중요하게 여겼던 가치를 실현한 사람들이에요.
하지만 세상의 가치 기준이 바뀌어도 동상을 계속 세워 두어야 할까요?

사람들은 대체로 동상에 신경을 쓰지 않고 살아가지만,
문제를 제기하고 철거를 요구하는 사람들이 있어요.
최근 영국, 미국, 남아프리카에서는 동상의 철거를 둘러싸고 격렬한 논쟁이 있었어요.

1895년, 영국 브리스톨에
'에드워드 콜스턴'이라는
유명 사업가의 동상을 세웠어요.

콜스턴의 동상은 2020년에 철거되었어요.
사람들이 더 이상 콜스턴을 좋아하지 않았거든요.
콜스턴이 노예 무역 사업가였기 때문이지요.

이런 일이 현대 역사에만 있는 것은 아니에요.
오래전부터 과거에 대한 평가가 달라질 때마다 수많은 동상이 철거되었어요.

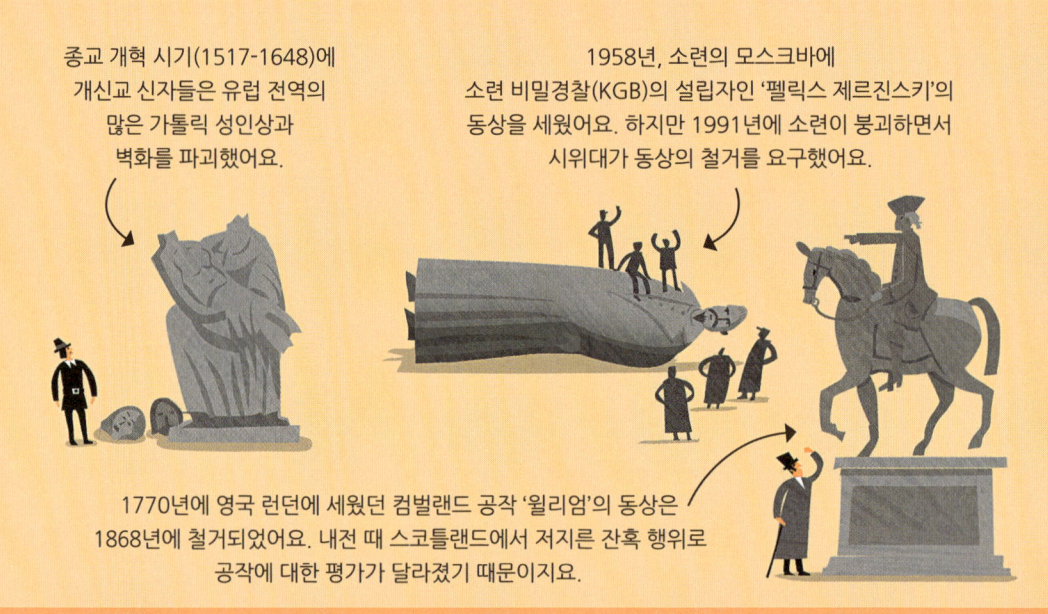

종교 개혁 시기(1517-1648)에
개신교 신자들은 유럽 전역의
많은 가톨릭 성인상과
벽화를 파괴했어요.

1958년, 소련의 모스크바에
소련 비밀경찰(KGB)의 설립자인 '펠릭스 제르진스키'의
동상을 세웠어요. 하지만 1991년에 소련이 붕괴하면서
시위대가 동상의 철거를 요구했어요.

1770년에 영국 런던에 세웠던 컴벌랜드 공작 '윌리엄'의 동상은
1868년에 철거되었어요. 내전 때 스코틀랜드에서 저지른 잔혹 행위로
공작에 대한 평가가 달라졌기 때문이지요.

이렇게 특정 인물에 대한 역사적 평가가 나쁘게 변하면 동상을 철거해야 할까요?
역사의 많은 일이 그렇듯이 이에 대해서도 의견이 갈려요.

동상은 오래도록 세워 둘 목적으로 만들어지고, 그건 동상에 얽힌 이야기가 변하지 않는다는 뜻이야. 역사는 항상 변하지만 동상은 새로운 증거가 나타나도 그대로 있어. 누군가 끌어 내리기 전까지는!

동상은 그걸 세운 사람들이 어떤 가치를 중요하게 여겼는지를 알려 줘. 그게 오늘날의 관점으로 볼 때 잘못된 견해일 때도 있지만, 동상을 없애면 과거의 나쁜 부분도 지우는 거라고 봐.

동상을 없애지 말고 동상에 붙이는 안내문에 자세한 설명을 담을 수도 있어. 그러면 역사를 지우는 게 아니라 풍성하게 만들게 될 거야.

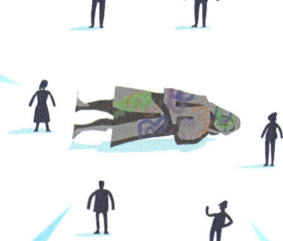

동상을 끌어 내리는 건 역사를 지우는 게 아니라 *새로운 역사*를 쓰는 거야. 동상을 철거하면 그 인물을 평가하는 새로운 역사적 순간을 만들 수 있어.

끌어 내린 동상을 박물관에 전시하는 건 어때? 콜스턴의 동상은 영국의 브리스틀 박물관에 들어갔거든.

애초에 사람의 동상을 세우지 말아야 해.

그러면 사람들이 계속 교훈을 얻으면서도 동상으로 서 있을 때처럼 그 사람을 존경하지는 않을 거야. 쓰러진 동상은 강렬한 느낌을 주니까.

동상은 그걸 세운 사람들이나 나중에 그걸 끌어내린 사람들에 대해서 어느 정도 알려 주긴 하지만 많은 이야기를 담지는 못해. 책이 더 좋은 수단 아닐까?

동상 관련 논쟁을 보면, 역사는 변하지 않아도 과거에 대한 우리의 생각과 태도는 변하는 걸 알 수 있어요. 역사 연구가 계속 변화하는 이유가 그 때문이에요.

# 역사의 찌꺼기?

조상들은 후손에게 많은 생각과 전통, 생활 방식을 전해 주어요.
하지만 오랫동안 이어져 온 방식이라고 해서 꼭 좋은 건 아니에요.

과거에서 물려받은 것 중에는 불편한 것들도 있어요.

오늘날 영문자 키보드는 '쿼티(QWERTY)' 방식으로 배열되어 있어요. 이것은 원래 초기 타자기의 글쇠들이 엉키지 않도록, 자주 함께 쓰이는 글자들을 멀리 떼어 놓은 방식이에요.

오늘날의 키보드는 엉키지 않고, 타자 속도를 높여 주는 다른 방식들도 있어요. 하지만 사람들은 대부분 계속 쿼티 키보드를 사용해요.

왜 그런 거예요?

아마도 사람들이 새로운 방식을 배우기 싫어해서 그럴 거야!

어떤 것은 일상생활에 영향을 미쳐요.

**알고 보면 복잡한 영어 단어의 기원**
- BUSINESS (옛 영어) 사업
- WEDNESDAY (독일 신화+영어) 수요일
- MISSPELL (게르만식 표현+영어) 철자가 틀리다.

 영어 스펠링은 진짜 이상해. 영국 사람도 헷갈려!

 영어의 역사 때문에 그래. 영어는 여러 언어가 섞여서 발전했으니까.

 좀 쉽게 바꿔야 하지 않을까?

어떤 것은 사회 전체에 영향을 미쳐요.

인도에서는 수천 년 동안 '카스트 제도'라는 사회 제도가 중요한 역할을 했어요.

상층 카스트
- 브라만
- 크샤트리아
- 바이샤
- 수드라
- 불가촉천민
하층 카스트

예전에는 상층 카스트 사람이 하층 카스트 사람과 결혼하는 건 물론이고, 몸에 손을 대는 것도 불법이었어. 지금은 그렇지 않지만, 카스트 제도는 아직도 인도의 삶과 일에 영향을 미치고 있어.

그럼 과거의 어떤 부분을 기억하고 이어 가야 할까요? 또 어떤 부분을 버리고 바꿔야 할까요? 항상 격렬한 논쟁이 벌어지는 주제랍니다.

## "영국 양 목장들을 다시 야생화해야 하는가"

나는 목장을 없애고 여기에 예전에 자라던 나무를 다시 심고 싶어.

안 돼! 영국은 경사진 초원과 양 떼로 유명해. 우리 국가 정체성의 일부란 말이야.

하지만 이런 풍경은 겨우 몇백 년이 되었을 뿐이야. 양 떼를 키우기 전에 영국은 숲으로 덮여 있었어!

이 풍경은 우리 나라 유명 화가들이 즐겨 그린 문화적 유산이기도 해. 그런데 나무를 심어 덮어 버리자고?

숲을 만들면 다양한 야생 동물이 살고 기후 변화를 막는 데도 도움이 돼. 큰 변화지만 해야만 해.

하지만 양 목장들은 어떻게 해? 목동들은 뭘 하면서 살아? 게다가 목양 농업은 우리 나라 경제에서 중요한 산업이야.

다시 야생화 하는 게 목축업을 포기하자는 건 아니야. 균형을 찾자는 거지. 길게 보면 양 목장을 그대로 두었을 때 더 큰 비용이 들게 될 거야.

그건 우리 유산의 중요성과 목장을 없애면 생길 문제들을 무시하는 말이야.

우리의 진정한 유산은 '변화'야. 우리 조상들이 숲을 목장으로 바꾸었다면, 우리가 그걸 더 지속 가능한 형태로 되돌리는 건 왜 안 돼?

역사가 현대 사회에 일으키는 이런 논쟁은 사람들을 갈라지게 할 수도 있어요. 특히 국가 정체성이 관련되는 경우는 더욱 그렇지요.

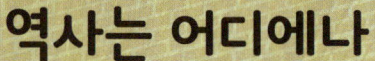

# 역사 연구의 의미

역사는 내용이 많고 복잡해서 얇은 책 한 권에 다 담을 수 없어요.
심지어 두꺼운 책 여러 권으로도 다 담지 못하지요.
하지만 역사를 연구하는 것은 여러모로 중요해요.

## 1. 과거는 실제 있었던 일이에요

우리가 어디에 있건, 우리 앞에 조상들이 살았다는 사실은 환상적인 느낌을 안겨 주어요.
조상들은 희망, 두려움, 꿈, 소망을 품은 진짜 사람들이었고,
우리와 아주 비슷하면서도 또 아주 달랐어요.

## 2. 역사는 재미있어요

역사가 너무 길고 내용이 많다고 기죽지 마세요. 대신 흥미로운 부분을 찾아보세요.
관심이 생기는 인물, 눈에 띄는 사건과 사상, 그 어떤 것도 좋아요.
범위를 넓게 잡아도 좋고, 좁게 잡아도 좋아요. 과거에 푹 빠져 보세요!

## 3. 역사 공부는 사고력을 키워요

역사를 공부하면 세상을 보는 특별한 도구가 생겨요. 정보를 찾고, 그 가치를 가늠하고, 적절한 이야기로 만드는 기술은 현실에서 활용할 수 있어요.

> 나는 사람들이 행동하는 방식에 의문을 품어야 한다는 걸 배웠어.

> 역사를 바라보는 나만의 시각이 있다는 게 좋은 일이라는 걸 알게 됐어.

> 나는 세상에는 언제나 더 알아볼 만한 것이 있다는 걸 배웠어.

## 4. 역사는 세상을 변화시킬 수 있어요

역사를 공부하면 현재에 대해서도 배울 수 있어요. 역사 속에서 사람들의 행동 방식은 항상 다양했다는 걸 알 수 있지요. 이러한 차이점을 통해 배우며 오늘날의 우리를 더 잘 이해할 수 있고, 우리가 변할 수 있다는 걸 알 수 있어요.

> 역사가 가르쳐 주는 중요한 한가지는 우리가 사는 세상이 늘 이렇지는 않았다는 거야.

> 세상은 원래 이랬다는 말은 완전히 틀린 말이야.

> 과거는 바꿀 수 없지만 미래는 바꿀 수 있어! 그러니 앞으로의 세상은 지나간 세상보다 더 좋은 곳으로 만들자!

# 낱말 풀이

다음은 이 책에 나온 주요한 단어들의 뜻을 설명한 거예요. 이 책에 나오는 특정 사건이나 시대에 대한 조금 더 자세한 설명도 있어요. *이탤릭체*로 쓰인 단어는 이 낱말 풀이 안에 설명되어 있는 단어라는 것을 의미해요.

**1차 자료** 연구자가 연구하는 사건과 같은 시대에 만들어진 *증거*.

**2차 자료** 사건을 실제로 목격하지 않은 사람이 나중에 만든 *자료*.

**9·11 테러** 2001년 9월 11일에 미국이 당한 테러 사건. 3천 명 가까운 사람들이 사망했어요.

**강제 수용소** 많은 사람들, 특히 정치적 견해나 인종이 다른 사람들을 재판 없이 가두는 장소. *제2차 세계 대전* 때 독일 나치 지도자들이 유럽에 강제 수용소를 설치해서 *홀로코스트*를 실행했어요.

**경제사** 사람, *정부*, 나라가 돈과 같은 자원을 생산하고 나누고 거래하는 방식에 대한 역사.

**고대 그리스** 오랜 옛날 문명이 발달했던 그리스. 약 3,200년 전부터 2,300년 전까지 이어졌으며 아테네, 스파르타 같은 도시 국가가 번성했어요.

**고대 로마** 약 2,700년 전부터 이탈리아 로마를 중심으로 문명을 꽃피운 나라. 처음에는 작은 도시였지만 이후 지중해 전역뿐 아니라 유럽과 중동까지 퍼진 거대한 *제국*이 되었어요. 나중에 동로마와 서로마로 갈라졌어요. 로마를 수도로 한 서로마 제국은 약 1500년 전에 멸망했고, 콘스탄티노플(이스탄불)을 수도로 한 동로마 제국은 겨우 600년 전 무렵에 무너졌어요.

**고대 이집트** 오랜 옛날 문명이 발달했던 이집트. 약 4,500년 전부터 2,000년 전까지 2,500년 동안 이어지다가 처음에는 *고대 그리스*에, 이후에는 *고대 로마*에 정복당했어요.

**공감** 다른 사람의 감정을 이해하는 능력.

**공산주의** 이론적으로 국가의 자원을 모든 국민이 평등하게 나눠 가지는 정치 제도로 강력한 중앙 정부가 이 과정을 감독함.

**공포 정치** 프랑스 혁명의 한 시기. 만 명이 넘는 사람들이 혁명 정부에게 처형당했어요.

**관점** 무언가를 바라보는 특정한 태도.

**군사사** 전쟁과 전투의 역사에 대한 연구.

**권력** 사람이 명령을 듣게 하고, 지배할 수 있는 권리와 힘.

**기록물 관리사** 기록물 보관소에서 각종 기록물을 체계적으로 관리하는 사람.

**기록물 보관소**  역사 기록과 문서 물품을 모아 놓은 곳. 영어로 '아카이브'라고 해요.

**남북 전쟁**  미국 북부의 주들과 남부의 주들이 *노예제* 폐지를 둘러싸고 벌인 전쟁.

**노예제**  사람이 사람을 물건처럼 가질 수 있고 마음대로 부리는 제도.

**당 제국**  618~907년에 중국을 다스린 나라.

**독일 통일**  독일은 *제2차 세계 대전* 후에 동독과 서독으로 분단되었어요. 동독은 소련을 비롯한 *공산주의* 국가들과 동맹이 되고, 서독은 미국을 비롯한 *민주주의* 국가들과 동맹이 되었어요. 그러다 1989년에 동독 사람들이 공산주의 체제에 반발하면서 1991년에 독일 전체가 다시 하나로 통일되었어요.

**러시아 혁명**  러시아에서 1917년에 시작되어 '차르'라고 불린 황제와 정부를 무너뜨린 일. 이후 *공산주의*라는 새로운 제도가 들어섰어요.

**르네상스 시대**  유럽에서 1300년대에 시작해서 1500년대까지 이어진 시대. 다양한 분야의 예술가, 과학자, 사상가들이 과거의 사상을 재발견하고 새로운 사상을 내놓았어요.

**마녀재판**  15~18세기에 유럽과 북아메리카에서 많은 여자들이 마녀로 몰려 재판을 받고 처형당했던 사건.

**마야**  3세기부터 17세기까지 중앙아메리카 대부분과 멕시코 남부에서 발달했던 문명.

**몽골 제국**  칭기즈 칸이 세웠고, 12~14세기에 아시아와 유럽의 광대한 영토를 정복한 *제국*.

**무역**  사람과 사람, 나라 사이에 서로 물품과 서비스를 사고 팔거나 교환하는 일.

**문화사**  옛 놀이나 음악 등을 통해 *사회*의 사상과 이어져 내려온 질서를 연구하는 것.

**민족**  같은 정체성을 공유한 사람들의 집단.

**민족 국가**  한 *민족*이 정해진 국경 안에서 단일 정부의 지배 아래 사는 곳.

**민주주의**  한 나라의 국민이 몇 년에 한 번씩 나라를 운영할 정부를 투표로 뽑는 정치 제도.

**북대서양 노예 무역** 16~19세기에 서아프리카의 흑인을 납치해서 카리브해와 남북아메리카의 백인에게 판 일.

**비교역사학** 다른 시대와 장소에서 벌어진 비슷한 사건을 연구하는 것.

**사실** 진실임이 증명된 것. 하지만 사실로 알고 있던 것도 새로운 *증거*가 나오면 그 자리를 잃을 수 있어요.

**사회** 일정한 체계 속에 함께 사는 사람들의 집단.

**사회사** 집단이 사는 방법과 개인이 아닌 대규모 집단이 세상에 어떻게 영향을 미치는지 연구하는 일.

**사후 세계** 죽은 사람이 가는 세계라는 개념. 어떤 종교들은 사후 세계에 천국이나 지옥 같은 장소가 있다고 말해요.

**산업 혁명** 18세기와 19세기에 유럽에서 증기 기관으로 공장에서 기계를 작동시키기 시작한 일. 그 결과 커다란 *사회* 변화가 일어났어요. 백 년도 지나지 않아 역사상 처음으로 도시 인구가 농촌 인구보다 많아졌지요.

**생태사** 생물과 환경이 *사회*에 미치는 영향에 대한 역사.

**소련** 러시아 제국이 *러시아* 혁명으로 무너지고 만들어진 나라.

**스톤월 항쟁** 1969년 6월에 미국 뉴욕의 술집 '스톤월 인'에서 며칠 동안 벌어진 항쟁. 경찰이 술집을 습격해서 성소수자로 의심되는 사람들을 체포하려고 했어요. 이때는 성소수자가 범죄자라고 여겨졌거든요. 술집 손님들과 근처 주민들은 이에 저항하며 경찰과 맞서 싸웠어요.

**시대** 특정한 기간. 역사 연구를 할 때는 편의를 위해 흔히 시간을 시대로 구분해요.

**식민지** 나라 전체 또는 일부가 다른 나라의 지배를 받는 나라.

**아스텍 제국** 1428~1521년에 멕시코 중부를 지배한 제국.

**역사 지리학** 환경이 사람 및 *사회*와 주고받는 영향을 연구하는 것.

**왕조** 대를 이어 나라를 다스리는 가족.

**이슬람 황금시대**  8세기에서 13세기에 이르는 시기로, '칼리프'라는 지도자들이 이끄는 여러 이슬람 제국이 전성기를 누렸어요. 수학, 과학, 예술 등 다양한 문화가 꽃피었어요.

**인도의 분할**  인도는 오랜 투쟁 끝에 1947년, 영국의 지배를 벗어나 독립했어요. 그런 뒤 이슬람교도가 대부분인 파키스탄과 힌두교도가 대부분인 인도로 갈라졌어요. 이 과정이 아주 격렬해서 많은 사람이 목숨을 잃었어요. 1971년에는 파키스탄의 일부가 독립해 방글라데시라는 새로운 나라가 되었어요.

**자료**  연구자가 연구하는 역사적 주제에 대해 정보를 주는 것.

**잔혹 행위**  폭력을 사용하는 극단적 악행.

**전국 시대**  중국에서 2,500년~2,200년 전에 7개의 큰 나라와 몇 개의 작은 나라가 중국 지배를 두고 다툰 시대. 이 시대는 진나라의 승리로 끝났고, 진나라는 중국 최초의 통일 제국이 되었어요.

**전설**  역사적 인물에 대해 전하지만 사실보다 허구가 많은 이야기. 여러 사회에서 소중히 여기며 다음 세대에게 전해져요.

**전통**  한 사회에서 대대로 전해지는 질서와 행동.

**정부**  국가를 운영하는 사람들의 집단.

**정치사**  다른 시대와 장소의 사람들이 권력을 어떻게 사용했는가를 연구하는 일.

**제1차 세계 대전**  1914년에서 1918년까지 유럽을 중심으로 세계 여러 지역에서 많은 나라가 참여한 전쟁. 탱크와 전투기가 등장한 최초의 전쟁이에요.

**제2차 세계 대전**  1939년에 시작되었으며, 이후 독일의 나치가 패배하고 일본의 두 도시에 핵폭탄이 떨어지면서 1945년에 끝났어요.

**제국**  여러 나라나 영토를 지배하는 나라.

**종교 개혁**  16세기에 서유럽의 가톨릭이라는 기독교 집단에서 '프로테스탄트(개신교)'라는 집단이 떨어져 나온 일. 많은 나라에서 가톨릭과 프로테스탄트 사이에 극심한 갈등이 일어났어요.

**중세 유럽**  대략 서로마 제국의 멸망 때부터 16세기 초에 이르는 시기.

**증거** 어떤 것이 사실인지 아닌지를 알게 하는 것. 건물, 예술 작품, 문서, 사람들이 한 말 등 다양한 것을 포함해요.

**초국가적** 국경을 넘어서 벌어지는 일.

**탈식민지화** *식민지*가 다른 나라의 지배에서 벗어나 독립하는 일

**프랑스 혁명** 프랑스에서 1789년에 시작된 사건으로, 국민이 왕을 끌어내리고 부유한 귀족들에게서 *권력*을 빼앗아 선출된 *정부*를 세웠어요.

**핵전쟁** 원자 폭탄 같은 핵무기를 사용하는 전쟁.

**혁명** *사회*나 *정부*를 뒤엎고 새로운 제도를 세우는 일.

**홀로코스트** 1933~1945년에 독일을 이끌던 나치당이 벌인 집단 학살. 특히 유대인들을 *강제* 수용소에 보내서 죽였어요. 약 600만 명의 유대인이 사망했고, '집시'라고 하는 소수 민족과 동성애자 등의 다른 집단도 핍박하고 학살했어요.

# 찾아보기

1차 자료 40-41
2차 자료 52-53
9·11 테러 97

『1984』, 조지 오웰 105
『서경』 10
『자본론』, 카를 마르크스 105
『치즈와 구더기』, 카를로 긴즈부르그 73

## ㄱ

가톨릭교회 67, 73
감정 98-99
개인 58-59, 72-73, 74
경제사 70-71
계급 70, 75, 114
고고학 자료 50-51
고대 그리스 6, 100, 103
고대 로마 제국 11, 18-19, 21, 74-75
고대 이집트 10, 104
공감 19, 33
공산주의 64-65
관점 7, 21, 22-23, 24-25, 34-35
군사사 100-101
권력 70, 74-75, 100
글 10, 30-31, 38-39, 46-49, 52-53, 85, 87
기록물 보관소 39, 42-43, 44-45

## ㄴ

남북 전쟁 78, 108

노예제 32-33, 34-35, 108
논쟁 34-35, 108-109, 110-111, 112-113, 115
누락 24-25

## ㄷ

다코타족 23
당 제국 20-21
대기근 45
독일 32, 44, 85
동상 112-113
둔황 석굴 91

## ㄹ

라코타족 23
러시아(소련) 50-51, 101, 112-113
러시아 혁명 64-65
르네상스 20, 73
리디아의 사자 5
리처드 아크라이트 76

## ㅁ

마녀재판 32
마야 18, 26-27
막시밀리앙 로베스피에르 59, 64
만사 무사 71
먼지 폭풍 92-93
모잠비크 88-89
몽골 18, 32, 90-91

125

묵자 101
문화사 80-81
미국 23, 34-35, 60-61, 78-79, 92-93, 97, 101, 108-109, 112
미래의 역사 104-105
민족 84-89

## ㅂ

바이외 태피스트리 11
바이킹 105, 111
불교 90-91
블라디미르 레닌 64-65
비교 자료 48-49
비교역사학 64-65

## ㅅ

사마르칸트 91
사실 5, 26-29
사회사 58-59
산업 혁명 41, 76-77
생태사 92-93
서부 팽창 22-23
선사 시대 20-21, 50-51
성소수자 인권 45, 60-61
스콜피온 킹 10
스탠리 볼드윈 58
스톤월 항쟁 60-61
스파르타 100
스페인 26
시간 규모 62-63
시대 20-21
식민주의 23, 48-49, 67, 88-89, 96-97
실크 로드 90-91

## ㅇ

아르키메데스 6
아름다운 도시 운동 78-79
아스테카 왕국 80
아테네 100
악의 축 97
알제리 67, 71, 88-89
암흑시대 21
양 목장의 재야생화 115
양차 대전 사이 20
에드워드 W. 사이드 97
에드워드 H. 카 27
엘레오노르 다키텐 72
여성 선거권 운동 58
여성사 58, 76-77, 87
역사 연구 10-13, 118-119
역사 교육 108-109
역사관 104-105
역사의 안개 26-27
역사 지리학 90-91
연구 주제 8-9
영국 11, 45, 48-49, 58, 67, 76-77, 81, 85, 88-89, 112, 115
오리엔탈리즘 96-97
오스트레일리아 10
올라우다 에퀴아노 35
원인과 결과 연구 60-61
윌리엄 펄트니 34
윌프레드 오언 45
유대교 102-103
의미 연구 60-61
이슬람 21, 90-91
이슬람 황금시대 21, 25
인도 38, 48-49, 67, 90-91, 114

인도네시아 88-89
인도의 분할 38-39, 48-49

## ㅈ

자료 40-55
자료 파괴 26, 44-45
자료에 숨겨진 의미찾기 46-47
장애사 78-79
전국 시대 101
전기 72-73
정체성 16-17
정치사 74-75
제1차 세계 대전 20, 45, 64
제2차 세계 대전 20, 32, 88-89
제임스 와트 76
제임스 헨리 해먼드 34
조지 산타야나 12
존 F. 케네디 101
종교사 102-103
중국 10, 20-21, 45, 80, 90-91, 101, 104
중세 18, 20, 72
증거 5, 6-7, 28-29, 40-55, 77
지옥 102-103

## ㅊ

참고 문헌 55
축구 19, 67
칭기즈 칸 32

## ㅋ

카를 마르크스 105
카를로 긴즈부르그 73

캐서린 매콜리 11
컴퓨터 게임 11, 110-111
케냐 88-89
크리켓 67

## ㅌ

탈식민지화 88-89
테러 97
토론 7, 13, 52-53
투키디데스 100
트라야누스의 기둥 11

## ㅍ

파키스탄 38-39, 48-49
포르투갈 67, 88-89
프랑스 59, 64-65, 67, 84, 88-89
프랑스 혁명 59

## ㅎ

해리엇 터브먼 35, 108-109
해석 7, 53, 72
현대 20
홀로코스트 32-33
환경 자료 41

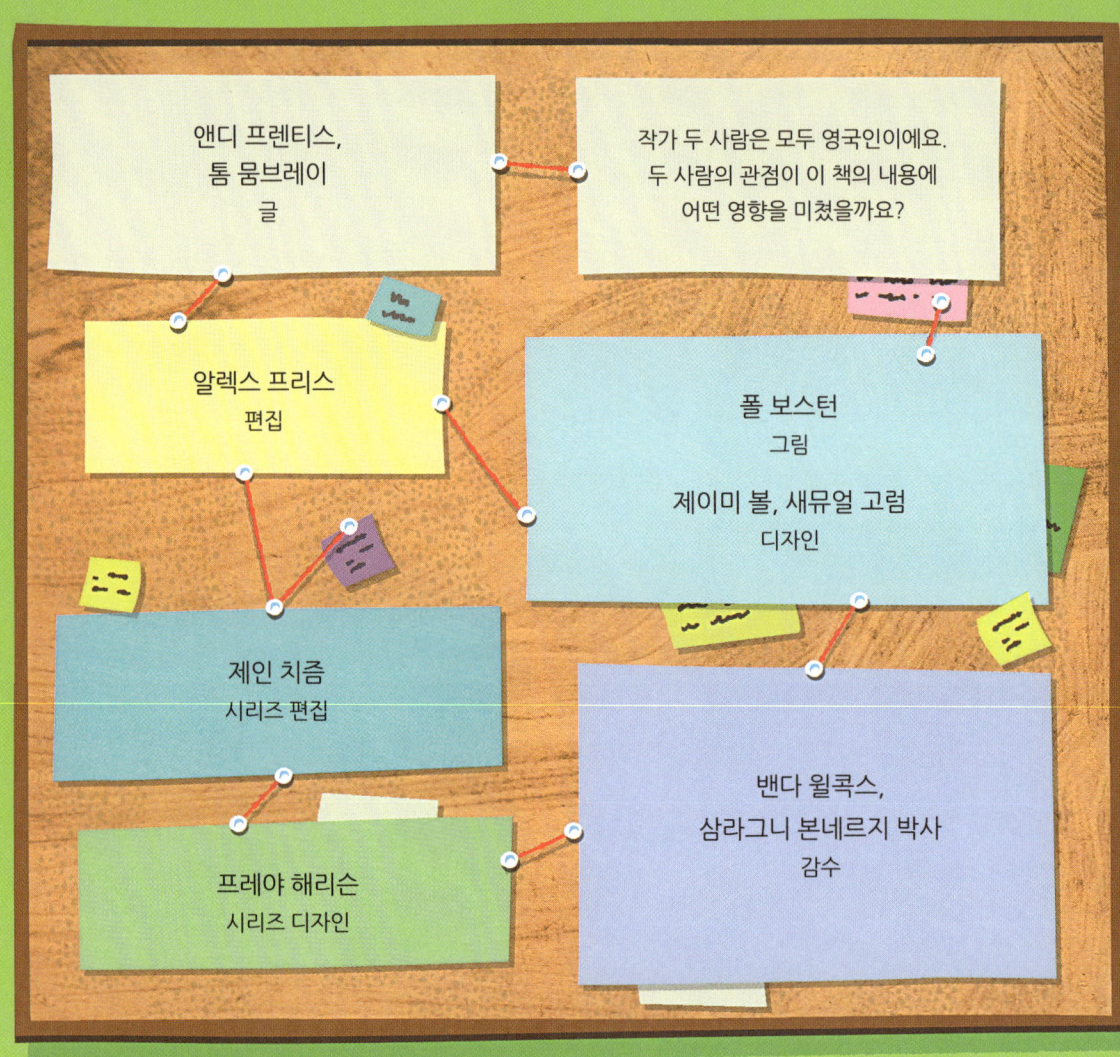

어스본 출판사는 어스본 바로가기에서 추천하는 웹 사이트들을 규칙적으로 확인하고 있습니다. 하지만 어스본 출판사는 다른 웹 사이트의 내용에 대해서는 책임지지 않습니다. 다른 추천 사이트들을 살펴보다가 바이러스에 걸릴 경우, 어스본 출판사는 피해에 대해 법적 책임이 없습니다.

한국어판 1판 1쇄 펴냄 2024년 10월 1일
옮김 고정아 편집 유채린 디자인 조은영 펴낸곳 (주)비룡소인터내셔널 전화 02)6207-5007 팩스 02)515-2007
한국어판 저작권 ⓒ 2024 Usborne Publishing Limited

영문 원서 History for beginners 1판 1쇄 펴냄 2024년
글 앤디 프렌티스 외 그림 폴 보스턴 디자인 제이미 볼 외 감수 밴다 윌콕스 박사 외
펴낸곳 Usborne Publishing Limited usborne.com
영문 원서 저작권 ⓒ 2024 Usborne Publishing Limited

이 책의 영문 원서 저작권과 한국어판 저작권은 Usborne Publishing Limited에 있습니다.
저작권법에 의하여 한국 내에서 보호를 받는 저작물이므로 무단전재와 복제를 금합니다.
어스본 이름과 풍선 로고는 Usborne Publishing Limited의 트레이드 마크입니다.

*이 책에는 네이버 나눔글꼴을 사용하였습니다.